2019
신춘문예와 무관한 시집

신춘문예와 무관한 시집

지은이 장지원 연호 김컴퓨터 김현체 김민수 이원기 이서윤 박서준 짧은달 BARI 이유빈 박성신 세로 이상학 루즌아 김미체 한지 김형석 성종인 한은수 김케장 하평기 팔락 조규식 이정민 권미정 조용완 민혜련 노은정 이미란 최재선 김에스더 박민수 이성복 한서진 김선태
디자인 好文木
인 쇄 천광인쇄
펴낸이 김미체

초판 1쇄 펴낸날 2019년 2월 2일

도서출판 나무야미안해
홈페이지 http://www.sorrytree.net/
전자우편 mglx@sorrytree.net
출판등록 제2016-23호
I S B N 979-11-89474-05-8

◦ 책값은 뒤표지에 있습니다.

2019
신춘문예와 무관한 시집

장지원 연호 김컴퓨터 김현체 김민수 이원기 이서윤 박서준 짧은달 BARI 이유빈 박성신
세로 이상학 루즌아 김미체 한지 김형석 성종인 한은수 김케장 하평기 팔락 조규식
이정민 권미정 조용완 민혜련 노은정 이미란 최재선 김에스더 박민수 이성복 한서진 김선태

발간에 붙여

　　2018년, 우연처럼 시작된 이야기들이 현실이 되어 모였습니다. 그렇게 《신춘문예와 무관한 시집》이 조심스럽게 세상에 나오게 되었고 지금 그 두 번째 발걸음을 시작하려고 합니다.
　　'시'라는 커다란 하나의 글자에 담긴 의미 앞에서 많은 고민의 시간들을 거쳐 왔습니다. 누군가의 내적인 갈등, 혹은 부끄러운 그림자라고 할지라도 기꺼이 서신에 응답해 소중한 글을 보내주신 많은 작가님들 덕분에 용기를 내어 한 권의 책으로 다시 만나게 되었습니다. 작년부터 참여한 분들도 있고, 올해 새롭게 참여하게 된 분들도 있지만 마음은 모두 같다고 생각합니다. 가슴에 품었던 한 단어마다 의미를 부여했고 그런 문장들이 시가 되어 200편이 넘는 작품을 만들어 냈습니다. 문학적 역량을 가늠하기보다는 인생의 어느 한 페이지에 모두가 같이 있었다고 기억할 수 있는 좋은 시간들이 되었기를 바랍니다.
　　이 책을 계기로 시가 조금 더 가까워졌으면 좋겠습니다. 누구나 가슴에 품었던 생각 한마디를 시로 표현할 수 있다는 것을 전달하고 싶었습니다. 그 마음을 담았지만 부족하다고 여기실 글을 읽어주실 독자님께 35인의 저자를 대표하여 깊은 감사의 인사를 전합니다. 사탕 꺼내어 먹는 것처럼 가끔씩 펼쳐 보았다가 마음에 맞는 시 한편 찾았다면 그것만으로 충분히 만족할 수 있을 것 같습니다.

작년에 이어 올해도 이 책이 나올 수 있도록 도와주신 도서출판 나무야미안해 김미체 대표님께 감사드립니다. 내년에도 잘 부탁드립니다.

2019년 1월
김형석

2019 신춘문예과 무관한 시집 차례

장지원

서울은 어때요? · 14 / 일일신우일신 · 15 / 호문목이 김미체고 김미체가 호문목 · 16 / 야인가20세기 소년 21세기 소녀 · 22 / 사장의 고뇌 · 23

연호

PIZZA · 28 / 아틀라스 이야기 · 30 / [동상이몽]]]]]]] · 32 / 순장 - 망령도주 · 33 / IMAGINE · 35 / ? · 37

김컴퓨터

유령도시 · 40 / 사이버 · 41 / 빡빡이 · 42 / 더티 섹시 에어포스 · 43 / 유리누나 · 44 / 상키 · 45

김현체

겉으로는 멀쩡해 보여도 골이 텅 빈 나는 깡통 대가리 · 50 / 달덩이 토스트 만드는 법 · 51 / 꿈을 꾸었습니다 · 52 / 인생 30년 후기 · 53 / 힐링노래 · 54 / 아름다운 · 55

김민수

불나방 · 58 / 취객 · 59 / 주파수 · 61 / 밭소리 · 62 / 신호등 · 63 / 막눈 · 65

이원기

그리움 · 68 / 나의 노래 · 70 / 달 밤 · 72 / 마음의 양식 · 74 / 마음의 여유 · 76 / 코스모스 · 78

이서윤

멈췄을 때 보이는 것 · 82 / 다크가 땅 끝까지 · 83 /
이 모든 것들에 대해 · 85 / 둥글게 둥글게 짝 · 87 /
내가 갑자기 웃을때는 · 88 / 나에게만 내리는 비 · 89

박서준

그대는 아메리카노 · 92 / 직장 · 93 / 배터리방전 · 95 / SNS · 97 /
영웅 · 99 / 비와 우산 · 100

짧은달

한 번도 · 104 / 여운 · 105 / 입장 · 106 / DRAMA · 107 / 신호등 · 108 /
절망을 주는 용기 · 109

BARI

발자취 · 112 / 아버지 · 113 / 매일 똑같은 일상을 시작하는 하루 · 114 /
무제 · 116 / 작은 날갯짓 · 117 / 구설수 · 118

이유빈

책임감 카페인 · 122 / 발신자 보고서 · 124 / 지쳤다 · 126 /
7분의 기적 · 127 / 18 · 128 / 눈이 오길 · 129

박성신

출근 · 132 / 소주 · 133 / 이직 · 135 / 운전연수 · 137 /
충청북도 ○○군 ○○읍 · 138 / 산책 · 139

2019 신춘문예과 무관한 시집 차례

세로
외딴 방 · 142 / 종착점 · 144 / 불행 · 145 / 눈 내리는 겨울바다 · 147 /
또 하나의 지구 · 149 / 사는 것은 비극이다 · 150

이상학
별 · 154 / 뒤돌아 보았을 때 · 155 / 오색찬란 모래성 · 156 /
남극으로 · 157 / 하나(1) · 158 / A green horse with four hearts · 159

루즌아
2015년 8월 16일 오전 0시 25분에 저장한 글입니다 · 164 / 시 · 165 /
메이크업 배틀 · 166 / 3층 · 167 / 8186 · 168 / 양파에 대고 죽으라고
말해보세요 · 169

김미체
너는 흑백의 세상도 살만하다고 했다 · 172 / 무지개다리 · 174 /
고향이 서울 · 176 / 시인들 · 178 / 서울 레지스탕스 · 179 / 도넛 · 181

한지
페루에서 보내는 서신 · 184 / 대파업 · 185 / 공백의 근태 · 186 /
사랑니 · 187 / 나잇살 · 188 / 시인 · 189

김형석
베를린 천사의 시 · 192 / 은인 · 194 / 전야제 · 196 / 오월계단 · 198 /
비상구 · 200 / 어느 포근한 술집의 회상 · 201

성종인
2월8일 (1) · 204 / 커피 한 잔 · 205 / 잣나무 · 206 /
샤워 같은 저녁 · 207 / 32년 · 208 / 2월 8일 (2) · 210

한은수
11:11 · 214 / 기다렸어요 · 215 / 술래잡기 · 216 / 실금 · 218 /
아이는 배를 곯고 있었다 · 219 / 열대야 · 221

김케장
새로 태어난 힙합 빠삐용 · 224 / 코끼리 상과 만나다 · 225 /
태보(지금 전세계적으로 선풍적인 인기를 끌고있음) · 227 /
온두라스출신개도살자 · 228 / 세상의거리가짧아졌다고 · 229 / 시6 · 230

하평기
빙구 · 234 / 치매 · 235 / 그럴줄은 몰랐다 · 236 / 엄마아빠 · 237 /
PC방 · 238 / 사랑하는 여자 · 239

팔락
김치 컨스피러시 · 242 / 침대에 누워있는 것이 하루 전부일 때 · 245 /
행간을 읽어 · 246 / 한파 · 247 / 펭귄 토마토 수프를 만드는 법 · 248 /
뫼비우스의 행성 · 249

조규식
프란츠카프카 · 253 / 시 쓰는 나와 시 · 254 / 중얼거림 · 257 /
밤비행 · 258 / 구더기 뇌 · 260

2019 신춘문예과 무관한 시집 차례

이정민

할머니 · 264 / 공기청정기 · 265 / 교대역 · 266 / 노회찬 · 267 /
겨울밤 · 269 / 사려니숲길 · 270

권미정

IDOL · 274 / 10월의 가운데에서 · 275 / 행성 격추 · 276 /
고양이 · 278 / 8월의 어느 날 · 279 / 2018/12/05 P.M. 10:34 · 280

조용완

하루용돈 200원 · 284 / 라면 조리 방법 · 286 / 시가 뭔데? · 288 /
그들만의 리그 · 289 / 스마트폰이 있어서 다행이야 · 290 /
미네르바의 부엉이는 해질녘에 날개를 편다 · 291

민혜련

그래서 시는 좀 썼어? · 296 / 꿈 · 297 / 나는 너를 · 298 /
달아나요, 당신 · 299 / 사념 · 300 / 그때의 나는 떨어진 별처럼 · 301

노은정

앎 · 304 / 석양 · 305 / 데칼코마니 · 306 / 빵슈 · 307 /
아무도 모른다 · 309 / 안녕, 내 인생 · 310

이미란

서아 발 · 314 / 렉스 · 315 / 내 늙은 아기에게 · 316 / 포도 · 318 /
부재 · 319 / 딱지 · 320

최재선
가끔은 그래도 좋다 · 324 / 몽상 · 326 / 슬픈 경계 · 327 /
흑백사진 · 329 / 여백 · 330 / 안녕, 가을 · 331

김에스더
가루비가 내린다 · 334 / 벚꽃과 다솜 · 336 / 꿈 · 337 /
인생의 방 · 339 / 별처럼 빛나거라 · 341 / 들꽃 · 343

박민수
기다림 · 346 / 시간의 기억 · 347 / 거울 속의 나 · 348 /
나는 여러 명이다 · 349 / 친구라는 이름의 · 350 / 패하면 피더라 · 351

이성복
소주 · 356 / 이끼 · 357 / 게으름 · 358 / 고양이 · 359 /
꿈의 도서관 · 360 / 유하 · 361

한서진
어제와 오늘의 차이는 없음 · 364 / 당신의 행동 · 366 / 가을 · 368 /
수취인분명(너에게) · 370 / -내가 되기까지-- · 372 / 西辰禮讚 · 374

김선태
목성각 · 378 / 외계인의 기원 · 380 / 잊혀진 베개문명 · 382 /
북극의 나날 · 383 / 모택동의 사막화 · 385 / 사이버 메트로폴리탄의
사람들 · 387

장지원

사진을 꼭 넣어야 하나요?
먹물 낭비 입니다.
사진을 넣지 않았으니 자기소개
글씨 색을 컬러로 그러니까
빨주노초파남보로 해주세요.
서체는 윤명조 320으로 부탁합니다.

하여간 저는 연기를 못 하는 배우, 윤천구입니다.
이빨을 좀 까서 서울문화재단에서 지원을 받고 있습니다.
지식이 없는 컨트리뷰터 에디터입니다.
기계는 최고이고 그 중 으뜸은 내연기관입니다.

레닌 만세

서울은 어때요?

서울은요시시콜콜한일이너무많아서택배를뭐라고해야할까2호선에서항상내가무엇인가를콘크리트하고있을때향정신성떡볶이있잖아요사실별거아닌일들컴퓨터청소라든지트위터자동차를타고어차피어딜가나성욕사람들이많으니1시간반동안임대료꽉꽉채운도로를달려스펙커피를마시려고예술과가짜술과화장술과전력위의광란과밝기와생사오매불망그리고또, 에라모르겠다답답하기도하지만그편의점광기또한있잖아요고작핸드폰게임에목매는그런재활용아파트삶도서글프다고옆집강아지도노브랜드촛불로수소차를밝히며아프리카자본으로경복궁에창경궁에태그를다는데도깍두기는캥거루처럼**빠르게**돌고그렇게또다르게지내고있어요

일일신우일신

새봄이 오고 새아침이 밝아 새마음을 가진 색시는 새신을 신고 새털 같은 새벽안개 위로 걷는데 느닷 들판에 핀 새싹들 사이로 생쥐들이 새알심을 먹고 싶어 하던 풍경이 떠올라 샛길을 따라 새 길로 나아가니 새터가 저 멀리 보여 배를 열었다 닿은 자리에 남은 새끼줄을 부여잡고 새나라로 가보니 그곳은 새만금이었고 초입에서 생고기를 뜯고 있던 새침데기들이 쏘아보아 다른 곳으로 가려는데 길은 어두워져 차가운 샤시를 잡고 새똥을 밟아가며 앞으로 걸어가니 새치기 하는 작자들이 밀치면서 종알종알하는 말이 새까맣지 못하고 희뿌연 새치가 희뿌연 새치가 자라는 이유는 세로토닌이 부족한 수많은 새아버지들이 새것만 좋아해서 헌 것은 버리라고 새김질하고 헌것은 버리라고 세치혀를 놀리고 새빨개진 눈을 부라리며 새기고 새마을 정신의 신도시 4공단에서 새틴 재질의 옷을 새벽녘까지 만들고 또 만들고 그러다보니 괜시리 옹졸해져 잠든 아이를 흔들어 깨우면서 새것이 뭐가 나빠 새것이 뭐가 나빠라고 외치는 탓이라며 푸드덕거리는 것이었다

울지 않는 새는 죽여라

호문목이 김미체고 김미체가 호문목

느닷없이 십수 년 만에 연락을 하셨습니다
십사 년이 정확하겠군요
넘어가고 돌고 구르다 보니 거의 잊다시피 했는데
시를 써보자고 하셨지요
우리가 시를 주고받던 사이는 아니지만
기억이 희미해진 만큼
부끄럽고 또 부끄러웠습니다
지금도 매 순간 점점 더 비겁해지고
무언가를 잊어가고
솔직하지 못해지고
어색한 기교나 부려보기 시작하는데
노래를 부르자니요

오만 생각이 들다가도
처음 핸들을 잡아보고 떨던
겨울 바다와 여름 산이
헬리녹스 의자를 친구에게 선물할 때
오토바이를 타며 변속 시기를 고민하는 횟수만큼
새벽 홀로 기도하고
죽은 친구의 장례식에 다녀오고 난 뒤의 심정이 떠올라

다 무슨 소용이냐 늦은 밤 무언가 먹을까 고민하던
경찰에 포위된 마을 이장의 표정과 같아
마감한 기사에 남아있는 오타를 보고
벌레를 죽이는 일이 무덤덤해질 때
며느리와 시어머니가 마주 앉아 말없이 김장을 담그는 순간
하혈을 하던 그녀가
사유하는 학도들이
책 읽는 고통을 감내하는 독자가
익숙함의 부재
노동에 대한 보상이 늦어지고
민들레
오늘에 대한 이질감
유난히 더 어지러웠던 햇볕
그럼에도 언제나 보고 싶은 태양에
플라스틱
연습해
어쩌면 외치네
나는 불효자입니까?
배운 대로 행해왔던 당신들이
프로작네이션
지나고 나면 달라지랴
황홀감 지화자
둥둥탕둥둥 둥탕 둥둥탕둥 둥 둥탕
넘어가

;
돌아와
따따띠따 따따따따따따따 따르르
특정거리 얼씨구
카르마를 믿어요?
완벽한 처방전
누가 가르쳐 준 건지 궁금해
부모님은 효자였을까
반향으로 답하는데
아마도 수십 수백 수천 번
머그컵을 쓰면 북극곰이 살아나지롱
오리온자리의 벨트가 선명한 날
음기 가득해서
내일 그 순간
들판에
풀 향기 맡으며 하루 즈음 쉬고
다시금 떠올려
배열표를 작성하는 편집장이
시래기를 불리는 그가
메타돈을 외치는 정키처럼
창공을 표류하는 새를 보고
마지막으로 게장을 먹었을 때를 떠올리며
꼬리 없는 고양이는
덴마크 대사관 앞을 지키는 의경처럼

자기 전 양치질이 귀찮아서
출산 순간을 놓친 아버지의 몸짓이
히말라야 물은 아직 깨끗하다고 믿는데
늦은 밤 속도를 경쟁하는 택시들이
지금 부는 이 바람처럼
가을 하늘 속 햇반 방부제는
마지막 물티슈처럼 건조하고

또

저는 아무것도 모르는데
하나의 선택은 얼마나 많은 파장을 낳는가요
아무도 신경 쓰지 않을지언정
그래도 신기한 일입니다

뽕

야인가 野人歌

그는 기골이 장대해 북녘땅이나 남쪽 섬나라에서 온 것 같은 인상이다
눈은 위로 찢어져 부리부리한데 어떤 때는 그 눈이 초승달처럼 보이기도 하고 또 어떤 때는 그 모양이 잘 보이지 않아 도깨비 같다
머리가 큰 편이며 뼈마디가 굵고 항상 무언가 행하려 하는 모습이 혈기왕성한 종마처럼 느껴진다
그는 아프리카를 동경한다
그는 자기 자신을 사랑한다
너무 사랑한 나머지 사랑하는 법을 잘 모른다
그가 요리할 때, 그가 자동차를 만질 때, 그가 아는 척을 할 때만 조금 더 자신을 사랑한다
그는 주변인들에게 자주 회자된다
때때로 주변인들은 너무 심심한 나머지 그의 얘기를 꺼내 시간을 보내고는 한다
그의 얘기를 하면 시간 가는 줄 모른다
그가 침묵하면
그를 둘러싼 것들이 없어지고
그 자신만 보여
사람들은 괴로워한다
물론 그는 어느 정도 정신 나간 사람이지만

그를 놀리는 것이 사실 자신들을 향한 것이기 때문에 그는 쉴 새 없이 피자를 먹고 고양이를 만지고 악을 써야 다시금 시선을 돌릴 수 있기 때문이다
그래서 그는 더 정신이 나간다
더욱더 자신을 사랑하며 동시에 사랑하지 못하며 이방인도 되고 중심인물도 되고 배우이자 관객이 되어서 타령을 한다
그는 점점 커지고 또 커지고 부딪히고 그러다가 건물도 부수고 다시 잔해를 주어 수습하려 하지만 우리가 사랑하는 숲마저 부술까 술을 거하게 한잔하고 집으로 돌아가 토라져 또 기다리고 기다리다 또 정신이 나가고 돌고 돌아 다시 커진다
그제야 사람들은 안심하는 것이다
자신들을 위해서

20세기 소년 21세기 소녀

같은 공간이지만 다른 시간에 존재하는
아니, 실존한다 말할 수 있을까
앞날은 아무도 모르고 어제의 일부는 기억이 나
세기를 등반해 어떤 말을 하려
뱃심으로 멀리 외쳐보는데 답이 없어
수십수백 년 버텨줄 당간지주에
눈 아픈 달빛 아래 땀 흘리며
삭아가는 부싱으로 단어를 새긴 뒤
손을 뻗어도 너무나 멀어
벨트를 던진다 메아리를 남긴다

공구리를 붓는다 산화된다
아무것도 남지 않고 아무도 모르는데
뒤를 돌아보면 굳어버리지

사장의 고뇌

여러분 안녕? 여러분을 정말로 싫어하는 사장입니다 월요일 아침이 되었군요 사실 나는 존나 멋진 사람인데 월요일 0000 아침부터 회사에 나와서 여러분과 미팅을 하고 있으니 참 개 같네요 하여간 졸린 표정 짓지 말고 후딱 회의를 끝냅시다 너희 얼굴을 보니 집에 가서 육회에 안동 소주 먹고 싶으니까 말이죠 존댓말도 귀찮군 플라스틱 0000 샴푸와 비닐로 만든 고어텍스 중 무엇이 효율적이라 생각하나? 기업이란 철저히 이익 창출을 제1목표로 추구하는 집단이기에 빨리 말해 그래야 커피와 담배를 한방 때릴 것 아닌가 자아를 위해 인수분해를 하고 송전탑에 가서 미래를 어림잡아 보라고 부장이 얘기해 볼래? 내가 일을 점점 더 하지 않는 것 같다고? 나는 할 줄 아는 말이 별로 없어 유격, 쇼트, 토크 이런 단어만 자꾸 사용하게 되더라고 그래서 실무를 그만두게 되었지 자꾸 비슷한 말을 하게 되거든 6편의 시라던가 12번의 외고라던가 그런 건 대학생을 쓰면 되잖아요 이 멍청한 차장놈아 0000 대학생은 평균 일당의 4분의 1을 주어도 포트폴리오니 경험이니 하는 명목으로 무마시킬 수 있잖아 나도 먹고 살아야지 내 딸내미랑 같이 캠핑을 갈 자동차를 하나 더 사야겠으니 말이야 자꾸 시계 쳐다보지 마 오늘 어차피 다 야근이니까 나는 점심 먹고 다른 업체 사장이랑 미팅을 가야해 그리고 인턴인가 뭔가 하는 저 작자는 뭐야 우리 회사에 있는 사람이야? 당신은 이 일을 좋아하나? 이 일을 하고 싶다며 네가 하고 있는 일이잖아 그런데 보수를 원한다니 배은망덕하군 이 따위 0000 아마추어적인 일처리로 진입장벽을 넘어서서 대접 받을 수 있다고 생각하나 나는 사자고 너는 토끼야 풀을 마음껏 뜯고 싶다면 내 항문 마사지를 좀 잘 해보던가 인스타그램 팔로워를 수십만 명 만들어라 그렇지 않다면 너는 그냥 우주먼지 파편이야 나도 다른 사람의 항문을 닦아주던 때가 있었거든 카사노바는 3000명의 여성이랑 잤다는데 사장인 나 역시 교미를 꽤 해봐야 하지 않겠어? 고객만족도가 중요하니 우리 회사 간판의 촌스러운 할로겐을 때버리고 억지 미소를 지으며 LED를 수십 발 달아봐요 내가 세금을 많이 내야하니 너희한테 하나씩 명의이전을 해주지 세금은 당신들이 알아서 내도록 해 실제로 너희 것은 아니야 법인으로 돌리는 것도 한계가 왔거든 불륜은 멋진 일이지 인건비를 제외하고는 젠장할 커뮤니즘은 실패했고 자본주의도 똥 같지만 대안은 없으니 담합이나 하자 0000 폐수를 막 내보내고 싶은데 요즈음은 에코 프렌들리가 유행하고 그게 더 돈이 되니 그럴싸해 보이는 처리장치를 아무렇게나 하지만 소비자들이 좋아하도록 감성 충만하게 만들어요 SNS놈들에게 잘 보여야 하니까 투표를 차세대 시발 딸딸이 놈들에게 하라고 좀 독려해줄래? 아참 그리고 저번에 찍으라고 시킨 영상은 잘 나왔나 그 작은 프로덕션 회사에 대금은 꼭 늦게 줘요 왜냐면 어제 내가 마누라랑 싸우고 고추도 잘 서지 않아 짜증이 너무 나니 0000 갑질을 실컷 해야겠어 이 망할 놈팽이들아 어라 벌써 점심시간이 다 되어가네 그러면 다음 말을 명심하세요 여러분!

북한과의 대화는 시작되었고 적폐세력 청산은 진행되고 있으니
다들 헛된 꿈이나 꾸며 입 닫고 있으시길

참여소감

나무야미안해라는 출판사 이름을 내걸고 나무를 죽인다
사실 죽어있는 나무겠지만 그게 그거지
시집 내실래요? 하고 돈을 주지 않는다
500원은 주겠지
그리고 그 500원은 블루투스 키보드 배터리 커버를 열고 닫는 용도로 쓰이겠지
하긴 글을 써서 돈을 받는 사람이 얼마나 있겠어요
출판사 대표님께 감사하다는 말은 없으면 감사하겠다며
참여소감을 쓰라고 한다
감사하다 쓰지 말라 하는데
어차피 참여소감이야 아무도 읽지 않을 테니
당신들이 밉다고 써봅니다
교정에서 짤리려나……?

그럼 테스트로

편집장 일 안한다.*

---

* 확인했으나 삭제하지 않았습니다. (편집자 주)

연호

(동명이인의 시인이 이미 있어 그 분에게 누가 되지 않으려 - 姓을 떼어 기재합니다)

원인미상_불분명_

타인의 삶에 이리도 무심한 우리네 인생 속에서
자기소개서를 쓰지 않으면 아무것도 할 수 없다니!
한탄스럽긴 하나 사회라는 원안에서 발끝만 담가 놓은 채,
떼지 못하는 쫄보라서 역시나 빈칸으로의 제출은 어렵겠습니다.
비트코인보다 자동입력 개인자소서 DB를 팔 수 있는 사업에
투자해보지 않으시렵니까?
아 오늘도,
피자에 잡아먹히지 않도록 노오력하고 있습니다.

PIZZA

나는 아주 온전하다가도
순간적으로 포착된 불쾌함이라든지
뇌리에 박혀버린 불균형이라든지
자아에 대한 혐오감 같은
어디서 날아 들어오는지 모르는 것들의
화살 세례를 피할 수가 없다
그렇게 지레 기울어버린 나의 시선은
세계를 똑바로는커녕 눈뜨고 보기도 힘든데

게다가 나의 사고와 감정 모두 찰나 같아서
무엇이든 진실이 될 수 없다는 사실 또한 괴로워진다,

다 쏟아붓건 기울던
떨어져 버릴 즘 하면 돌아서버리는
이 끝도 없는 *진자운동* 속에서

살아남는 방법은
1. 모순을 받아들인다
2. 총구를 거꾸로 겨눠

타인에게 받는 지탄과 상처들
모든 방향을 따라가 들춰내보면
마지막 해묵은 손가락은 나의 것
열등감과 자기혐오만 남아버린다
다른 사사로운 것들은
다 증발해버리고
마지막은 이겨낼 수 없는
존재론적 의문을 떠안고
그만치 추의 무게로
깊숙이 가라앉고야 만다

어두운 공간에서 어두움으로 하나가 되었다
대상이 없는 공포심은 모든 소리를 귀 기울이게 만들고
귀속되고 싶지 않지만 존재이고 싶은 이기심만이 남네
지금까지 흘려보낸 것처럼 시간이 지난 후에는
이 시간 또한 아름다운 것으로 남겠지 늘 그랬던 것처럼
그렇다면 돌아갈 곳도 기다릴 것도 없어 슬프다

아틀라스 이야기

비 오는 날은 확실히 심신이 무거워졌다

오늘 하루 종일 '불현듯을 조심하자'라며 되뇌었다

나는 과도한 감정의 덩어리를 짊어지고 있는,

[아틀라스] (그 누구도 내게 바라지 않았지만, 그 모든 것을 부담으로 만들어버리는 것은 바로 내 자신)

'불현듯'한 감정에 의해 내가 붙들고 있는 마개가 조금이라도 틈이 생긴다면,
찰랑찰랑. 그것들이 결국 넘쳐버려
나의 나체와 나약함이 온갖 곳에 널브러진다면,
나는 아마 견딜 수 없이 부끄럽고 (아마 그것이 아무 값어치 없는 일이었다는 것을 두 눈으로 확인하는 것이 가장 두려운 일일 것이다) 분개할 것이다

그래, '불현듯을 조심하자'

겨우 되찾은 일상을 영위하는 나를 망쳐버리지 말자

자멸하고 싶은 욕구에 빠지지 말자
상념에서 벗어나자

비가 온 후 땅은 흙냄새를 뱉어냈고,
더 무거운 지구를 받쳐내고 있는 아틀라스의 땀줄기가―
계속계속계속계속 이어지고 있었다

[다음] (다음은 '변신이야기'에서 발췌)

"그러자 아틀라스의 큰 몸집은 그대로 산이 되고, 수염과 머리카락은 나무로 변하고, 어깨와 팔은 산마루가 되었으며, 머리는 산꼭대기가 뼈는 돌이 되었다. 그리고 아틀라스는 모든 부분에서 엄청난 부피로 커져서 (신들이시여, 이 모든 것은 당신들의 뜻대로 된 것입니다.) 온 하늘이 수없이 많은 별들과 함께 그의 어깨 위에서 휴식을 취했다."

[동상이몽]]]]]]]

-1 ; 나의 애매모호함은 여러모로 민폐다. 어느 정도냐면 스스로도 들여다볼 수 없게 설계되어 있음. 도무지 뭔 말인지 모르겠어서 실패. 알면 닥치든지 설득할 재간으로 덤벼야 한다.

0 ; 시선이 느껴져서 사랑할 수 없고, 시선이 느껴지지 않아 용서할 수 없다.

++++1 ; 기쁨을 나누면 질투가 되고, 슬픔을 나누면 약점이 된다. ㅇㄱㄹㅇ

순장殉葬 - 망령도주亡靈逃走

비가 온 뒤의 땅은
기가 막힌 숨을 뿜어낸다
그날도 안개가 자욱이
코 끝에 흙냄새가 지독한
그런 숲내 축축했던 날이다

그 안갯속에서 혼령을 보았다
그녀의 형체는 재와 연기가 뒤덮고
빗소리를 울음 삼아
괴기한 신음을 내며 나를 바라보았다

그녀는 죽음에 대하여
그녀는 그와 같이 산 채로 땅에 묻히고
전신을 짓누르는 무게와 가빠지는 숨을 참아내며
그와 마지막 입맞춤을 했다고 한다
그녀는 부족한 숨을 참지 못하고
그의 발가락 끝까지 숨어있는 산소를 빼앗아
들이마셨다고 한다 하나도 남김없이

그의 장기가 흡착되고

그의 비명조차 그녀의 폐 속에서 잠식되었으며
그의 영혼은 길길이 소멸되었다

그녀는 그녀 자신이 살해당한 것도 잊은 채
그를 위한 속죄로 이곳에 남겠다 하였다
땅 위의 아지랑이로
이름도 존재도 없는 망자亡者의 한恨으로

IMAGINE

새벽 1시 31분 그녀는 글을 쓰기 시작한다. 매일 새벽이면 마음속에 치미는 격랑, 검은 그림자에 의해 짓눌리는 공포를 느끼고 어디론가 도망친다. "(_____(은),(는),(이),(가)) 두렵다" 이 그럴듯한 문장에 신은 인간에 그럴싸한 선물을 했다. 이~메진. I.M.A.G.I.N.E /상상의 세계로/ 머릿속은 만신창이인데, 달콤하다. 이메진 캔디 *** 코 끝이 시려오는 겨울철. 인간은 동면기를 대신하여 전기장판에 온몸을 달구어가며 외로운 마음에 티브이 전원을 켜놓고 드라마 대사 따위를 귓등으로 쳐들으며 주섬주섬 먹을거리를 입으로 가져간다. 이~메진.
이메진이 와 닿는 순간? 외풍에 체온 이하로 떨어진 내 발꼬락을 조심조심 달궈진 전기장판으로 밀어 넣었을 때, 뜨거운 가짜 열이 내 발을 물고 핥고 꼴깍 들어 치밀 때.
그것이 바로 이~메진. 이보다 더 어떻게 가깝게 설명하겠는가.
- 인간의 최대 행복은 상상이다. 20121228
If. If. If. 나는 글을 쓰는 상상을 한다. 어느 누구의 눈에도 맛깔나는 글. 예상치도 못한 전개와 퍼즐처럼 들어맞는 단초端初를! 나의 상상이 타인의 상상으로 전이되는 그 희열의 순간. 그 캔디를 먹고 싶다. 나의 상상이 단순한 망상으로 그치지 않고, 글로써 흔적으로써 마침내 족적으로써 남는 그 감격의 순간. 그 캔디를 갖고 싶다. 누구라도 탐낼 듯한, 디자인의 책표지, 자그마한 글씨체,

그리고 나의 이름 석 자가 새겨진 그 책이. 고작 나의 역사에서부터 내가 모르는 시공간까지 점유해가는 그 광경을 상상한다.

If. If. If. 나는 사랑을 상상한다. 그 설렘을. 그 들쑥날쑥함을. 그 소유욕을 모조리 상상한다. 드라마에 있을법한 웃기지도 않는 과장을 수용하며 이름 모를 그대와, 얼굴도 보이지 않는 그대와의 사랑을 상상한다. 청산가리가 발린 위험일지라도 기꺼이 그대와 삼키려 할, 절대적으로 현실에 존재하지 않을, 사랑사랑사랑--을 외치며. 너는 그 자체로 완벽에 가까운 사람이여, 평생 만날 수도 없고 만나고 싶지도 않은 그대와의 이루어질 수 없는, 말 그대로 네버 엔딩의 사랑을 상상한다.

If. If. If 나는 죽음을 상상한다. 지루함지겨움진부함의 끝을. 나만이 바라볼 수 있는 결말을. 죽음 앞에 초라해 지는 가치들을 바라보며, 산 자에게 지어줄 수 있는 떠난 자의 지독한 조소嘲笑를. 드디어 모든 것에 겸허해질 수 있는 자신을 사랑할 수 있도록. 아등바등 겹겹이 쌓여둔 육체를 벗어둔 채로, 체감없이. 어떠한 구속없이. 자유로이 떠다니는 나의 영혼을 상상한다. 반면 나는 죽음 뒤에 남겨진 어느 누구의 생生을 상상한다. 이미 죽어버린 나의 영靈을 상상한다.

?

의문은 끝이 없는 의문으로 긴 점을 이어갈 뿐
어느 누구도 밀려오는 파고波高를 막지 못했다

망설임이 붙들고 모가지를 옭아매는 갈고리는
누구의 손으로부터 짊어졌는가

확신할 수 없는 순간들이 목덜미를 물어뜯고
이리저리 휘둘려 대는 피로한 육신은 어디로 향하는가

떨어지지 않기 위해 난간을 붙든 손은
왜 너를 닮아서

그 의문의 대답을 찾지 못하고
그 의문의 무게를 참지 못하고
그대로 추락해버렸을까

그 끝에는
아주 둔탁한 소리의 종말이,
정. 으로 박힌 완벽한 구球의 형태가
더 이상 질문할 수 없는 단호함으로
점. 찍혀버렸다⋯

참여소감

첫 번째는 뭣도 모르고 한다지만
두 번째는 그것을 알고 있음에도
또다시 한다는 것에 특별한 의의를 두어야 할 것 같습니다.
그래서 이 책을 내기까지의 많은 이들의 노력과 수고로움에 감사를 표합니다.

김 컴퓨터

서울에서 태어나 살고 있는 사람입니다

유령도시

차로를 사족보행으로 달릴 거야
자동차 위에서 낮잠을 잘 거야
숲에 개 사료를 뿌릴 거야
아파트 복도에서 열창할 거야
롤러블레이드를 타고 질주할 거야
어린이용 그네를 진지하게 탈 거야
가죽 자켓을 입고 캠퍼스를 돌아다닐 거야
금시계를 차고 장을 볼 거야
좋아했던 여자애들 이름을 붉은색으로 벽에 새겨놓을 거야
이어폰을 안 끼고 노래 들을 거야
캐릭터샵에 있는 거대한 인형을 패버릴 거야
미용실 잡지를 전부 분무기로 적셔버릴 거야
만약에 이곳이 유령도시라면

사이버

또 누군가가
기대하는 말투로 반갑게 말을 걸면
나는 애써서 보통 사람처럼 말을 해보려고 하는데
평소에 잘 안 해봐서 잘 못한다

미안합니다
제가 또 실망시켰네요

다만 알아두십시오
당신이 생각하는 그 사람은 세상에 존재하지 않습니다
나는 그런 사람이 아닙니다

시간이 지나면 다시 또 떠나고
시간이 지나면 또 다른 누군가가
기대하는 말투로 반갑게
말을

빡빡이

오만함 혹은 가식 없는 순수한 자기애
공포스러울 정도의 솔직함과

모두가 쏘아대도 울질 않아
그들이 드러낸 이빨을 두려워하질 않는다니까

나도 그랬으면 좋겠다
나도 당당하게 말할 수 있었으면 좋겠다
나도 그렇게 나를 드러낼 수 있었으면 좋겠다
나도 멋진 것들을 만들 수 있었으면 좋겠다

내가 빡빡이었으면 넌 죽었다
내가 빡빡이었으면 넌 진짜 죽었다

더티 섹시 에어포스

난 삼선이 좋아
스우쉬는 별로야
그렇지만 네 에어포스는 멋있네

네 발목 위로 떨어지는 그 바지랑 잘 어울려
네 새치 하나 없는 새까만 머리와도 잘 어울려
네 쥐 잡아먹은 듯한 입술과도 잘 어울려
네 무심한 걸음걸이와도 잘 어울려

넌 어딜 그리 바쁘게 가나

더러워
그래서 더 멋있어
네 에어포스

유리누나

유리누나는 나를 예뻐해 주셨었다
어렸을 적에는 그랬다
어렸을 적에는 그래도 지금보다는 좀 나았다

어렸을 적에는 어린이집에서 인기가 좀 있었다
어렸을 적에는 좀 생겼었다

유리누나는 내 돌에 편지를 써주셨다
보고십팔떼는 대전으로 놀러오라고 하셨다

유리누나 잘 지내시나요
잘 지내셨으면 좋겠어요

상키

뭐야
어디있지
어디있냐

밥먹으러갔나
아니 왜 자리에 없는 거야
미치겠네

아니 미치겠다
왜 씨발
도대체 어디 간 건데

제발 좀 씨발
어디 있어
이 씨발

씨발새끼야
씨발 좀 진짜
씨발

자랑이다 아주

씨발

참여소감

  시를 써보실 의향이 있냐는 질문에 저도 모르게 반사적으로 "네"
라고 답이 나와버려서
  어쩌다 보니 쓰게 되었지만 막상 써보니 재미있었네요
  레드벨벳 파이팅

김현체

지금까지 난 뭐했지?
수년의 인생을 낭비한,
인생낭비의 전문가
그리고 후회없는
그런 사람입니다.

깡통 대가리

겉으로는 멀쩡해 보여도 골이 텅 빈 나는 깡통 대가리
멋있는 옷 일시불로 지르고 거리에 나가면
사람들이 나를 쳐다보지
내 꼴통 속에는 오직 한 가지 생각
저 여자 몸매 죽이네
인터넷하며 주워들은 이야기로 멋진 척을 해보지만
팩트체크 들어오면 금방 뽀록나네

깡깡깡깡 깡통 대가리
머리숱은 많아도 대가리는 텅 비었네

사람들이 나한테 말을 해도
무슨 말인지는 잘 모르겠네
왜냐하면 내 머리는 비었으니까
배고프면 밥 처먹고
졸리면 자빠져 자고
하기 싫으면 때려치고
멋진 내 인생

달덩이 토스트 만드는 법

계란 3개 깨어 그릇에 담아
설탕 두 스푼
소금 한 꼬집
우유 두 스푼
넣어 팍팍 저어준다
팬에 버터 두르고
버터가 다 녹으면 약불로 줄인다
토스트기에 빵을 넣고 굽기 시작하면
계란을 구워준다
빵이 다 구워지면
치즈 한 장 올리고
계란이불을 덮어준다
요리사처럼 케첩을 뿌려준 후
빵을 덮고
토스트에 이름을 붙여주고 먹는다
너는 달덩이 토스트

꿈을 꾸었습니다

몇 년 전 무지개다리를 건넌 막내 고양이가
제 꿈에 나왔어요
평소라면 이게 꿈인지 현실인지 구별도 못하고 잠을 자겠지만…
그날은 또렷하게 머릿속에 '아 이건 꿈이구나' 라는 생각이 들더군요
기억력이 안 좋기로 유명한 저인데,
어찌나 그 녀석의 표정, 행동, 울음소리, 털빛깔이 생생한지
깨어나서도 눈물을 흘렸답니다

너에 대한 이야기를 하고 싶었어

인생 30년 후기

[추천순]
와 인생 30년 대박!! 또살고 싶다!! ★★★★★ 10점 추천 151 반대 16
너무 감동적입니다.. ㅠㅠ ★★★★★ 10점 추천 129 반대 10
흔한 소재, 반전 없는 스토리, 하지만 연출력은 훌륭했다. ★★★★☆ 8점 추천 100 반대 13
기대 안하고 살았지만 생각보다 좋았음! ★★★★★ 10점 추천 98 반대 11
오졌고 지렸고 개꿀잼이었고 ★★★★★ 10점 추천 80 반대 9

[최신순]
개 쓰레기같은 인생 이딴걸 인생이라고 살았냐 ★☆☆☆☆ 1점 추천 0 반대 1
어디까지나 킬링타임용 그 이상도 그 이하도 아님. ★★☆☆☆ 4점 추천 0 반대 3
이게 재밌다는 새끼들은 뇌에 구멍남? ★☆☆☆☆ 1점 추천 0 반대 12
평점알바 존나많네 ㅋㅋㅋ 평점 믿지 마세요. ★☆☆☆☆ 1점 추천 1 반대 14
예산 탕진잼 ★☆☆☆☆ 1점 추천 2 반대 9

힐링노래

어쩔 수 없잖아
다 그렇지 뭐
별 수 있겠어
다 그러고 사는 거야
힐링? 그런 거 없어
시간이 지나면 망각하는 거야
노력? 요즘도 그런 꼰대 같은 단어를 쓰나
운명만큼이나 한심한 말이지
시간 나면 여행이라도 가봐
크게 달라질 건 없겠지만
돈지랄은 언제나 신나니까
분위기 잡지 마
나약해 보일 뿐이야
듣기 싫으면 꺼져
나도 말할 거 없어

아름다운

보고 있으니 설렌다
아찔한 너의 균형이
심장의 열정을
공허했던 육체 구석구석 퍼트린다
누가 규정지은 것도 아닌
너의 아름다움은
굳이 확인하고 싶지 않고
나의 기준을 인정받고 싶지 않고
간직하고 싶지도 않고.
나약한 오감으로 느끼고 있으니
그것으로 만족스럽구나
그런 네가 있었지라며 회상할 수 있다면
그것으로 만족하련다

참여소감

작년에 이어 올해도
부끄럽지만 글을 써봤습니다.
단 한 분이라도 제 글을 봐주신다면
그걸로 기뻐하는 가성비 좋은 관종이었습니다.

김민수

1981년생 미혼
현재 애니메이터 근무 중
allergychain@gmail.com

불나방

죽음을 불사하는
그 미물을
나는 동경했다

그 눈부신 나아감이
어둠에 대한 공포임을 눈치챘을 때
내밀림일 수도 있다고 여겨졌을 때
최악인 동시에
유일한 최선임을 알게 됐을 때

등을 떠밀며
빛 아래 바스라진 시체 위로
나를 쫓아내는
차갑고 어두운 빛 외의 것들

허락된 것은 고작
얇고 찢어지기 쉬운 날개
분가루 뿌리면서 연신 파닥여 본다

취객

마디진 손가락에 걸린
늘어진 마리오넷 인형
술자리 웃음소리에 취해
등에 붙은 태엽을 돌린다
감고 감고 감다가 놓으면
소싯적 낯익은 웃음소리
제멋대로 삐그덕삐그덕
춤을 춘다 아는대로 느낀대로
교태를 부린다 부풀었다가 숨 죽는다

감긴 태엽이 다 풀리고
멜로디도 웃음도 멈췄지만
인형은 시작한 춤을 멈추지 않는다
손가락에 힘을 빼도
취기는 좀처럼 가시지 않는다

낡은 인형의 춤이 서러워서
차마 힘주어 멈추지 못하고
마음에 자리를 내어준다
조만간 힘이 풀리겠지

취기가 빠지겠지 싶어
애써 면박 주지 않고
조용히 늙은 인형의 몸짓을 바라본다
괜찮다고 속삭여준다

주파수

가끔은 행복이라는 말이
나치 강령처럼 들려

행복에 대한 자문이 날 우울하게 하고
불행에 대한 자문이 날 웃음 짓게 하지

일상의 가까운 피로가
목덜미에서 고함을 질러도
잘 들리지 않는 걸
저 멀리 닿지 않는 곳
가느다란 너의 울림에도
난 포만감을 느껴
헤픈 웃음만 자꾸 지직거리고

발소리

시리도록 추운 겨울
취해서 혼자 걷다 보면
토닥토닥 니 발소리가 들리기도 해
환청처럼 들리는
내 발소리 옆 니 발소리
천천히 박자를 맞추고
토닥토닥 맞추어 걷다 보면
어느새 한 발소리만 남아
더 빨리 걷지도 못하고
더 느리게 걷지도 못하고
뒤돌아보지도 못하고
계속 그 박자로만 걷게 되지
조금 더 마실 걸 그랬나
조금 더 취하면 혹시
니 웃음소리마저 들릴까 봐
팔 안쪽으로 불쑥 손이 들어올까 봐
차마 옷도 여미지 못한다

신호등

나와 당신은
어딘가의 신호등에서 만날 겁니다

수많은 사람들이 오가는 곳에서
길을 건너는 것이 목적인 곳에서

나는 이쪽에 당신은 저쪽에
서로의 건너편에서 맞은편에서

잠깐 멈추라는 빨간불 너머로
서로를 확인하고 알아보겠죠

그 짧은 시간 동안
난 당신을 알아보고 손을 흔들 거예요

잠시 후 파란불이 켜지면
다른 사람들처럼 당신 쪽으로 갈 거예요

그리고 모두 당신을 스쳐 지나갈 때
난 당신 앞에 설 거예요

어느 동네 신호등인지는 상관없어요
빨간불 건너 당신이 있다면

막눈

마지막 눈은 늘
첫눈 왔던 그때를 그 순간을
한 번쯤은 더 떠올려도 된다고
보고 싶은 사람 한 번 더 생각해도 된다고
대신 이게 마지막일 거라고
경고하며 허락한다

얼른 기억 속에서
눈덩이 하나 굴려야지
온갖 때와 불순물이 섞여도
좀 더 크게 굴려서
다시 하얗게

늦었지만 한 번 더 내려주는
따뜻해서 금세 사라지는
이른 봄 늦은 눈

참여소감

쓰는 이유와 읽는 이유, 내 글은 어디를 향해있는 걸까, 한쪽이라도 닿아있긴 할까 돌아보니 부끄럽기만 합니다. 하고 싶은 말과 할 수 있는 말, 해야만 하는 말들의 섬에서, 유리병에 담아 띄운 몇 자의 조난 편지가 파도에 밀려 다시 제 발밑에 놓여있는 기분입니다.

이원기

쌍용자동차와 안전을 팝니다
그것은 행복을 파는 것입니다
하남영업소 이부장

그 리 움

언제고 어느 때고
불현듯 나타나서

나의 모든 것을
정지시킨다

또…
그저
바보처럼 멍하니

가슴 움켜쥐고
눈 내려 깐 채
앞 시야만을
바라볼 뿐이다

아지랑이처럼
소리 없이 피어올라
기어이 마비시킨다

아니라고 아니라고

고개 돌려 보지만

끝내는
젖어들고 만다
맥이 빠져 힘이 없다

언제일까 언제일까

아~
어여쁜…
내 사랑 나의 사랑
안녕의 그날은…

나의 노래

가는 길이 힘들다고
가는 길이 슬프다고
노래하지 마세요

오늘은 행복하다고
오늘은 즐겁다고
자랑하지 마세요

진정
힘이 들면
기억마저 힘이 들어
눈빛 적셔오고

진정
행복하면
도망가 버릴까 봐
웃음만 머금어 봅니다

슬픔은 가슴으로
노래하고

기쁨은 웃음으로
전해주세요

나
그대의
눈빛만으로도
이제 알 수 있어요
오늘이
흐림인지 맑음인지

기쁨도 슬픔도 모두 다
내가 가져가야 할
십자가인데요

단지
언제나 언제까지나
내일은
맑음으로 쓸 수 있었음 해요

달 밤

한가로운 양철지붕에
소담한 아름다움 열렸네
달빛 물든 어둠 타고
애기꽃이 피었네

조용한 바람에도
하이얀 꽃
화들짝 놀라워하고
이파리 덩달아
작은 일렁임으로
화답하네

삐죽이 고개든 하얀 꽃
순결한 큰언니처럼
수줍어서 베시시

푸르디푸른 하이얀 박은
나 잊고 살던
엄마의 젖무덤인 양

아름답네

새 솜털 뽀송뽀송
보드라운 그 잎은
기력 없으시던
할머니 그 손길에
목메어 오고…

아름다운 감상에 젖어
올려다 본 밤하늘엔

달님은 어둠 타고
먼 길 가시고

빤짝반짝 별빛만이
정겨웁다

마음의 양식

시냇가 바위 아래서
소꿉놀이를 합니다
널따란 돌아래
고임돌 둘 고여
가지런히 소꿉 차려놓고

모래알로 밥하고
개망초로 국 끓여서
언제나 오려나
없는 임 기다려도 보고

고운 모래 예쁜 자갈로
깨끗한 물길 열어주며
나만의 세계에
도취도 되어보고

맑디 맑은 시내에
발 담그면
얼음처럼 차디찬 물은
애간장을 적시나~니

쉬지 않고 샘솟는
맑디 맑은
옥빛 물은
우리들의 영원한
마음의 양식입니다

마음의 여유

한가로운 오후 산으로 왔습니다
솔향내 솔바람이 상쾌하고 선선하네요
바위에 발 뻗고 앉아서
쏟아지는 햇살을 올려다봅니다

솔 그늘을 뚫고서 사뿐히
햇살 한줄기가 손등을 간지럽히네요
잠시 잠깐 시간의 흐름 속에
육체도 정신도 맑아집니다

지저귀는 새소리 풀벌레 소리에도
귀 기울여 봅니다
사람들과의 관계에서
내 목소리만 높인 것 아닌가 해서
나를 바라다보았습니다
내가 나를 바라보면서
마음속에 느낌 하나 새겨 넣습니다

저기 저 졸졸졸 흐르는 옹달샘에
나뭇잎도 띄워보고

맹감잎 동그랗게 말아서
한 모금 물로 입 다시며
토끼 얼굴도 떠올립니다

마음 깊은 곳에 숨어있는
동심 꺼집어내어 혼자 웃어봅니다
세수하러 왔다가 물만 먹고 간다는
엉뚱한 토끼를 떠올리면서…

저무는 오후 솔향기에 취하고
새소리 풀벌레 소리에 맘 던져놓으니
마음은 어느새 백지가 되어 버립니다
이제는 동화 속의 토끼처럼
내가 만든 틀 속에서 얽매이지 않고
순수와 자유로운 일탈을 꿈꿔봅니다

코스모스

목이 가늘어 슬픈 그대

그대 먼 시선 머무르는 곳
그기 어디 메인가

아마도 그리운 님 떠올리며
웃음 띤 외로움 전하리라

홑겹 나풀나풀 가녀린 꽃잎
외로움 삼켜 청초한 웃음 자아내었나

오가는 뭇 시선에 가냘픈 허리
힘겨워서 하늘하늘 흔들리는가

생각 없는 인적들 무심한 손길에
싸늘히 꺾이는 꽃송이 송이송이

그대들이 꺾은 건 내 하나 남은 사랑인데

임자 없는 몸이라고 무심히들 꺽누나

내 눈물은 어의 하라고

나는야 이름 모를…

누구에게나 꺾여 버려지는 꽃
기다림에 지친 한 떨기 외로운 꽃

그 이름…
길가에 코스모스라 하네

참여소감

인생은 잠시 스쳐
지나가는
바람이기 때문에

우리는 이 세상에 잠시
소풍 온 사람들이라 합니다.

같이 웃고 같이
슬퍼해 줄 사람이

곁에 있다는 것만으로도
기쁘고 행복해서 항상
즐거운 마음으로 살아가는 일인입니다.

자동차만 파는 사람이 아닌 인생의 행복까지 팔 수 있는 그런 사람이고 싶습니다.

이서윤

닛시 필라테스S.Y
매일 필라테스랑 친구하는 여자
E-mail:nissy_pilates@naver.com

멈췄을 때 보이는 것

멈췄다…
순간 내 심장도 쿵 멈추는듯하다
후~ 언제부터일까?…내가 시간을 잘못 보고 보낸 건 아니겠지…

멍해진 채로 멈춰진 시곗바늘을 바라보며
1초…2초…3초… 그제서야 안도의 한숨을 내쉬어 본다

난 언제부터일까 이렇게 시간 속에 갇힌 채로 살아가게 된 날들이…
나도 모르게 그 속에 갇혀 있었구나

시계는 오늘도 어김없이 지나가고 있는데 말이다

다크가 땅 끝까지

다크가 땅 끝까지 떨어진다
그래도 끊임없이 떠들어 대고 있다

왜 이러는 것일까?…

목이 마르고 눈이 퀭해진다
몸속 무엇인가가 고갈되어지고 있는 것 같다…

아… 이러지 말자
아… 자제하자

이런 내 마음속 외침 속에서도 불구하고
… 내 입은 계속 움직이고 있다

왜 이러는 것일까?…

말 많은 사람들은 나와 같은 고민을 하겠지
위로하며 다짐하며

다크가 땅 끝까지 떨어지고 있는 이 순간

오늘도 떠들다가 쓰러지며 잠이 든다…
굿나잇…

이 모든 것들에 대해

산을 바라보니 눈이 반짝반짝
입가에 미소가 가득가득

누가 만든 것일까?
그 위대하심에 인간의 본질에 대해 생각하게 된다

슬플 때 바라보던 산은
내가 그 산에 있는 나무가 되고 싶었다

내 삶보다 그 나무가 너무 행복할 것 같았다

슬플 때 바라보던 바다는
그 바닷속으로 들어가 하나이고 싶었다

파도를 바라보며 멍하니
바다 그 넘어를 바라보며 멍하니

한없는 자연 앞에 평온했었기 때문이다
자연은 그렇게 그렇게 흘러간다

나는 그렇게 그렇게 흘러가지 못하고
휩쓸려 갔었다…

지금 내 삶이 감사하기까지 산을 넘고
파도를 넘어왔다

이 모든 것들에 대해 감사하다

둥글게 둥글게 짝

둥글게 둥글게 짝
살아보니 둥글게 둥글게
살기가 힘들었다

둥글게는 뾰족이 보다 딱 부러지지 않아
손해 보는 것 같았다

날카롭고 뾰족하여 딱 부러지는 것보다
둥글게 둥글게 굴려 나가는 것이 더 멀리
나갈 수 있다는 것을 몰랐다

이제는 둥글게가 너무나 좋다
둥글게 둥글게 짝

서로서로 손을 맞대며 협력하여 선을 이룰 때
우리는 함께 사랑하며 나아갈 수 있다
둥글게 둥글게 짝

내가 갑자기 웃을때는

낮에도 네 생각
밤에도 네 생각

어떻게 너를 나에게 보내 주신 것일까?
순식간에 입가에 미소가 번진다
내 광대가 하늘을 뚫을 것 같다

너라서 그런 것 같다
내가 갑자기 웃을 수 있는 이유는 말이다

나에게만 내리는 비

한낮에 내리쬐는 뙤약볕
그 안에 지하 건물 1층

모두가 한곳에 모여 있는 이 공간
한 공간속 다들 다른 생각들이겠지

스르륵 갑자기 번지는 내 미소
네가 떠올랐기 때문이다

너는 나에게만 내리는
한여름 초록비이기 때문이다

참여소감

내가 이 세상에 있을 때
또는
내가 이 세상에 없을 때
누군가 내가 쓴 시를
읽는다고 생각하니 만감이 교차한다

그러고 보니 삶과 죽음 사이에 내가 있는 거구나…

좋다~감사하다^^

박서준

필라테스라서 행복한 남자
instargram:logospilates

그대는 아메리카노

너의 이름은 아메리카노
아메리카노 주세요

따뜻한 아메리카노
차가운 아메리카노

어디서 어떻게 내게로 왔는지
생각이 나지 않지만
너의 이름을 부를 때 힐링 되는 나

집보다는 커피숍에서 반가운 너
크레마에 이런저런 생각이 녹는다

아메리카노 향이 기억 속에 남아
커피숍에서 매일 너의 이름을 외친다

아메리카노 주세요
그대는 아메리카노

직장

밝기도 하고
어둡기도 하다

무언가에 이끌려
분주하게 움직이고 있다

웃음도 있고
슬픔도 있고
고난도 있고
사랑도 있다

숨이 점점 차오르는
빌딩 숲속

무언가에 이끌려
매일 출근하고 퇴근하고 있다

언제부터였지
언제까지일까

잊혀져간 내꿈은
언제부터 시작될까

배터리방전

매일 아침 눈뜨자마자 핸드폰 배터리 용량을 확인하는 나
매일 아침 눈뜨자마자 노트북 배터리 용량을 확인하는 나

불안한 건 3분의 1 정도 남아있는 용량
정말인가 3분의 1 정도 남은 것인가

두근두근 잠깐 동안 생각에 잠긴다
어느새 충전기를 찾고 있는 나
충전이 되고 나면
무거웠던 마음이 가벼워지는 나

만약에
충전기가 없다면 대기시간을 허비하지 않겠지
핸드폰이 꺼지기 전에 목소리를 듣고 싶은 누군가에게 우선순위로 전화하겠지
노트북이 꺼지기 전에 중요한 자료부터 정리하겠지

꺼져가는 배터리가 깨달음을 남기네
완충보다 방전이 있을 때 성장하네

내 삶의 아낌없는 배터리 방전
내 삶이 성장하는 배터리 방전
더 나은 삶을 살고 있는 배터리 방전

SNS

SNS 홍수에 밀려 너도나도 SNS
다양한 소식, 정보들이 오고 가는 SNS

문명이 열어준 3차원적 터미널
시간과 공간을 초월하여 함께 즐기는 공감 세계

빠르게 변화되는 우리의 공간
빠르게 흘러가는 차가운 시간

알 수도 있고
모를 수도 있고
틀릴 수도 있고
다를 수도 있고
누구는 전혀 공감되지 않을 수 있다

SNS 홍수에 우리는 무엇을 준비해야 할까

허술하게 변화되는 우리 공간을 따뜻하게
오차도 없이 흘러가는 시간을 아름답게
혼자 만들기보다는 함께

말 한마디에 흔들리는 세상이 아닌 다른 세상
자기자랑만 하는 세상이 아닌 다른 세상
돈을 벌기 위한 수단이 아닌 다른 세상

함께 나누는 공감이 있는 세상

SNS

영웅

어릴 적 동화 속 그림처럼 왕자가 되고 싶고
영화나 소설에서 나오는 영웅을 발견할 때

현실 속에서 기적 같은 일이 일어나
초능력을 발휘하는 영웅이 되려 한다

보여줄게
거리에서 영웅
사회에서 영웅
가정에서 영웅
연인에서 영웅
게임에서 영웅
보여줄게

모두가 영웅이 되어 인정받고자 하네

인정받지 않아도 우리가 영웅
도전하는 우리가 모두가 영웅

자리를 지키는
우리 모두가 영웅

비와 우산

높은 곳에서 조용히 내려오는 비
바닥에 부딪쳐 나는 빗물 소리

흐르는 빗물에 내 마음도 함께 흘러 어디론가 떠나가네

때로는 장대비로 내 마음에 구멍을 내어 시원하게 하는 비
때로는 이슬비로 내 마음에 촉촉한 감동을 주는 비

비에게 가까이 가려 할 때 옷이 젖을까 우산을 쓴다
우산이 있어 옷을 보호할 수 있지만 더 가까이 갈 수 없다

자연은 우리에게 많은것을 주려고 하지만
우리는 우산같이 방패막을 가지려 한다

비는 많은 도시를 깨끗하게 해주고
모든 들에서 피는 꽃과 나무 그리고 우리에게 생명을 준다

우산이 되어가는 우리
비처럼 함께 나누는 우리

우산은 접고
비가 되어 살아가는 우리

참여소감

어릴 적에만 시집을 접해보고 아무런 생각없이 살아온 나
어느 날 시 6편을 올릴 수 있다고 하여
좋은 기회를 만들어 주신분께 감사합니다^^

"승리하면 조금 배울 수 있고 패배하면 모든 것을 배울 수 있다."

미국의 어느 야구스타가 한말입니다
하고 싶은 일이 있다면 두려워하지 말고 도전하세요

짧은달

Storyteller - 짧은달

Former - Photographer

Incumbent - Team of Design development Section Chief

"Always bear in mind that your own resolution to succeedis more important than any one thing."

- Abraham Lincoln -

"I am not satisfied with my work. So I try to challenge another."

- Short Moon -

한 번도

난 한 번도 불행한 적이 없었다
한 한 번도 행복한 적도 없었다

그냥 그렇게 하루 또 하루를 살아왔다
그렇게 지금 여기까지 살아왔다

내일은 어떤 행복이 나를 기다리고 있을까
한 번도 생각해본 적이 없었다
가질 수 없음을 알기에…
내 것이 아님을 알기에…

난 왜 가질 수 없는 걸 가져보려 하지 않았을까
단 한 번도, 단 한순간도
그런 용기조차 품어보지 않아서 였을까…?

이렇게 살아있는 오늘
딱 한 번만, 딱 한순간만
용기를 갖고 바라보겠노라

내일은 어떤 행복이라도 나를 기다리고 있음을

여운

난 무엇을 위해 살아야 합니까!
난 누구를 위해 살아야 합니까!

날 걱정해주는 이 하나 없는데
날 이해해주는 이 하나 없는데

내가 어떻게 해야 살 수 있습니까
내가 무엇을 해야 살 수 있습니까…

나조차 날 버렸는데…
나조차 날 위하지않는데…

난 누구를 위해 살아야 합니까?
난 나를 위해 살 수 있습니까?

나는 포기를 하지 않아도 됩니까?

입장

오래전 내가 기억납니다
한 사람을 미련하게 좋아해서 기다리기만 하던
지금의 나 같은 오래전 내가 기억이 납니다

지금의 나와 오래전 나는 다른 방향을 보고 있지만
오래전 나와 지금의 나는 같은 마음을 품고 있었습니다

그래서 지금의 나는 그때의 나를 떠올렸나 봅니다

그때의 나처럼 기억 속에 남고 싶지 않아서
그때의 나처럼 슬픔 속에 살고 싶지 않아서

지금의 내가 오래전 나와 같은 처지가 되면
몇십 년 후 지금의 내가 오래전 나를 기억하듯
그날의 내가 기억해보려 합니다

DRAMA

너와 나의 이야기
주인공보다 더 슬픈 조연의 이야기
기다림만이 있었던 나의 드라마

드라마 속 너는
그 남자만 바라보는 여주인공
드라마 속 나는
너 하나만 바라보는 조연배우

영원히 너와 이루어질 수 없는
절대로 너의 옆자리를 차지할 수 없는
그런 내가 너무 싫은 나는 조연

해피엔딩으로 끝이 나지 않길 바라는
꼭 새드엔딩이어야만 하는 이 드라마는…

네가 주인공이기에

그럼에도 불구하고 해피엔딩이길 나는 바라네

신호등

누구도 궁금해하지 않는 도로 어디쯤
오가는 이 하나 없는 도로 어디쯤

한 번도 신호가 바뀌어본 적 없는
오래됐지만 녹슬지 않은 신호등이 서있다

그 신호들에 켜진 빨간불에 멈춰
신호가 바뀌기만을 기다리는 이 또한 서있다

끝도 없는 끝을 기다리며
그 신호등도 그 이도 서로에게
끝이 없는 질문을 던지고 있다

기다림의 끝에 신호가 바뀌었다
보고 싶은 이에게 다가갈 준비를 할 수 있는
지금 신호는 노란불

이제 기다리던 이는 다음 신호를 기다리며
기다리고 있는 이에게 가려고 한다
다음 신호는 초록불

절망을 주는 용기

용기는 때때로
생각지도 않은 순간에 희망을 주며
완벽한 줄 알았던 순간에 절망을 준다

희망과 절망을 오와 오의 비율로
절망과 함께 주지만
온몸으로 받아들이는 체감은 빌어먹을 정도로
희망 일, 절망 아홉

매 순간 죽고 싶은 절망이지만
결국엔 속는 셈 치고 절망 속에서
또다시 용기에게 희망을 강력히 요구한다

그리고는 희망일 거라는 희망을 갖고
절망 속에서 또 다른 절망으로 달려간다

그것이 용기인 줄도 모르고……

참여소감

순간의 감정으로 쓴 짧은 나의 짧은 이야기를
세상에 내놓을 수 있다면, 들려드릴 수 있다면
기꺼이 저의 모든 것을 쏟아부어 보여 드리겠습니다
단 한 분만이 읽더라도 당신의 순간이 허투루 쓰이지 않도록…

BARI(바리)

본명 : 김현우

1991년 서울 출생
대진대학교 법학과 졸업
(논문「협박죄의 성립요건과 기수시기에 대한 고찰」)
커피 바리스타 자격증 소유
前 엔제리너스커피 부매니저 근무
前 공차 매니저 근무
前 공차 부점장 근무
現 서울시 중구 소재 카페에서 근무중
『신춘문예와 무관한 시집 2018』 참여

발자취

한 발짝 한 발짝 뒤따라가던 발자국이 갑자기 끊겼네요.
발자국만 따라가던 저는 길을 잃을까 봐 두려워서
더 이상 한 발자국도 움직이지 못합니다.
길을 모를 때는 나침반이 되어주고 힘이 들어 잠시 쉬어가면
이정표가 되어주던 발자국.
그런 발자국이 어느 순간 갑자기 사라지네요
무서워서 돌아 가려 해도 이미 빗물에 씻겨져 버리고 없네요.

정신 차리고 고개를 들어 앞을 내다보니 수없이 많은 장애물이 있네요.
고개 숙여 발자국만 뒤따라오던 저는 보지 못했던 것들…
그대는 이 많은 걸 어떻게 헤쳐 나갔던 걸까요?
정신 차리고 뒤돌아보니,
제가 그랬던 것처럼 저의 발자국만 따라오는 이들이 있네요,
그대여
이제 제가 그대가 했던 것처럼 헤쳐 나가겠습니다.

저를 따라오는 이들에게 나침반이 되어주고
이정표가 되어주며 앞을 밝혀주겠습니다.

아버지

어릴 적 벗어나고만 싶었던 당신의 그늘 아래
잠시나마 남아있고 싶습니다.
한없이 꾸짖었던 당신 목소리도 듣고 싶습니다.
다시는 들을 수 없는 그대 목소리.

그대는 들리시나요? 나의 목소리…
한없이 소리 질러 불러보아도 대답이 없네요,
들리신다면 꿈에서라도 대답해 주세요,
저의 욕심이고 고집일지라도 받아주세요
이제 이것만이 당신한테 부릴 수 있는 투정이니깐

당신은 저의 영웅이었고,
당신은 저의 버팀목이었습니다.
당신은 제 가슴속에서 영원할 것입니다.
당신은 저의 아버지입니다.

아버지 사랑했었고, 앞으로도 영원히 사랑합니다.

매일 똑같은 일상을 시작하는 하루

출근 3시간 전 일어나서 씻고 옷 입고
출근 2시간 전 매일 똑같은 101번 버스에 탑승하고
출근 1시간 전 버스에서 꿀맛 같은 쪽잠 한숨 자고
출근 30분 전 눈을 떠보면 정거장을… 지나쳤다!?
'아 씨, X됐다 지각하겠다'라는 생각도 잠시뿐
당장 버스에서 내려 발등에 불난 듯이 뛰어 회사 도착!
시간을 보니 출근까지 20분 남았네…?
'난 왜 뛰어온 거지…? 모르겠다 담배나 한대 피우고 들어 가련다…'

출근 1시간 후 정해진 업무를 진행하고
출근 3시간 후 쉬는시간, 밥먹고 나면 쉬는시간 끝…
출근 6시간 후 퇴근까지 3시간 남았다
출근 8시간 후 퇴근 1시간 남았는데 알바생 무단결근…
후 또 연장근무
출근 11시간후 연장근무까지 끝내고 드디어 퇴근!

퇴근 1시간 후 집 가는 버스 안, '술 한잔할 사람 없나?'
퇴근 2시간 후 집 앞 편의점에서 캔맥주 한캔
퇴근 3시간 후 침대에서 휴대폰 깨작깨작
퇴근 5시간 후 취침

.
.
.
.
.

"아 X발 꿈…진짜 출근해야지…"

무제

하얀 종이 위에 무작정 글을 써 내려간다
아무 주제도 내용도 없이
내 감정을 종이 위에 토해낸다
기분이 좋으면 좋은 대로 울하면 우울한 대로
그저 내 감정에 충실해서

글을 써 내려갈 뿐인데
눈가에 눈물이 글썽 거리기도 하고
피식하고 웃음이 나오기도 하고
이렇게 써 내려가다 보니 어느새 백지는
학창시절 쓰던 깜지 마냥 빽빽해졌다

그렇게 계속 써 내려간다
누가 내 글을 보고 비웃어도
계속 써 내려간다, 누라 뭐라고 해도,
이 하얀 종이 위에서만큼은 내가 주인공이니깐

작은 날갯짓

그 누구도 열어주지 않고
열려고 하지 않은 굳게 닫힌 철문
온기라고는 철문 사이로
간신히 들어오는 햇빛만이 전부였다

그렇게 열릴 것 같지 않고 차갑게 만 보이던 철문에
다가와 준 것은 작은 나비 한 마리
강풍에도 꿈쩍 않는 철문이 나비의 날갯짓에
열릴 수는 없겠지

나비는 철문 근처에서 날아다니다, 쉬어가다 반복했다
아무것도 할 수 없는 나비의 날갯짓이라고 생각했건만,
나비 때문인가 차디찬 흙밖에 없었던 철문 앞에
푸른 생명이 자라나기 시작했다

아무도 열어주지도 않고
열려고 하지 않았던 철문 앞에 푸르른 들판이 생겨났다
철문도 조금씩 열리며 그 온기를 받아들이기 시작했다
작은 나비 한 마리가 내어준 큰 선물이었다

구설수

한낱 떠돌아다니는 소문 앞에
다른 사람들의 입방아 따위에
무너지지 마라,
쓰러지지 마라,

무너지는 순간 헛소문은 진실이 되고
입방아질만 더 늘어나게 될 테니
다른 이의 판단 속에 갇히지 말고
겁먹지 말고, 부딪혀라

참여소감

    2018 신춘문예 무관한 시집을 내고 난 이후로 남은 2018년은 몸도 많이 아프고, 마음도 아프고, 가장 큰 건…… 사랑하던 아버지가 저의 곁을 떠난 일입니다. 힘든 시간이었습니다. 그런 만큼 이번 시는 다소 울적하네요.
    이번 시 전부는 아니지만 일부는 아버지에게 바치는 선물입니다.
    읽어주셔서 감사합니다.

이유빈

올해의 목표는 전신제모와 라식 혹은 라섹인데
둘 중 어느쪽이 더 좋은 건지 추천해주실 분을 구합니다
(추가) 출판사에서 각막 검사해보고 결정하라고 하네요.
제모 병원만 추천받습니다
(추가)(추가) 결/혼/상/대 급※구
확실한 §☆상대@☆ 구함
이 솔로는 30대까지 남은 시간이 얼마 없어요…
그들은 순간의 알림으로
빠른 상견례를 원합니다

책임감 카페인

푸석한 기침과 따끔거리는 기계음이
규칙적으로 이어지고 있어

왼쪽 두 번째 간이침대에

잠들지 못한 내가 있어요

하루 내내 고집만 부리던 손이
보기 드물게도 사근사근 닿아있는데

언제 할퀴어 올지 몰라

잠들 수 없는 내가 있네요

걱정이라던가 사랑이라던가 하는 단어들 속에
???를 섞어 흘려 넣으며

잠을 아직 데려오지 못한

내가

자리를 지키고 있다구요

발신자 보고서

가) 귀사의 무궁한 발전을 기원합니다

나) 새벽 두시나 세시
혹은 본인 내키는 아무 때나
전화를 걸어오는 사람

다) 어느 날인가는
두부 심부름 시키듯
결혼하자 했으면서
반년간 소식 하나 없다 귤 한 상자 들고
어제도 얘기했던 것 마냥 인사를 해왔다

라) 크리스마스에는
시간 비워뒀다며

보고 싶다

했으면서
오늘은 전화도 받질 않는 사람이

라-1) 고양이와 떡볶이를
좋아하는 만큼은 나를 좋아할까
좋아는
하나

지쳤다

지쳤다

힘들다
지쳤다
하나의 알맹이를 번잡하게도 숨긴
푸념은 이어나가길 멈추지 않았다

이미 모든 의자는 테이블 위로 올라갔는데
아무도 눕지 않은 침대가 점점 줄어드는데

가끔 그럴 때가 있다며
담담한 듯 보채는 듯
끈을 살짝 느슨하게 해 보였다
뭉툭한 손가락을 입가에 가져다 댄 채
이럴 때도 있어야 한다며
허락을 내주었지만
필요했던 건 아니라는 걸

7분의 기적

우리는 7분 동안 많은 것을 해낼 수 있다

노래 세 곡 듣기
물 한 병 비우기
부모님께 안부 전화 걸기
널브러진 이불 각맞춰 개기
집에서 전철역까지 뛰어가기
300연챠 돌린 다음 후회하기
컵라면에 물 부어놓고 까먹기
카톡으로 추근대고 무시당하기
유튜브에서 쓸모없는 영상 시청하기
7분 동안 무엇을 할 수 있나 생각해보기
더 이상 생각이 나질 않아 이 시의 마무리를 짓기

18

지극히 개인적이고 하찮은 일들만이 있었어요
바람이 가정이 소망이 가족이 화합이 기다림이
혼자의 뜻대로 되지 않아 벌인 소동에 휘둘려서
입원에 검사에 재활에 난동에 소변에 기저귀에
생활이나 삶이라는 단어가 사치로 들리던 시간
울고 울고 울고 욕하고 몸부림치다 다시 울어도
그래봤자 대신해주거나 떠넘길 사람은 없어서
식사나 낮잠이나 인연이나 시간을 전부 버리니
어떻게든 흘러가 한가하게 이런 소리를 쓰네요
2018년이었죠?
18년이었네요

눈이 오길

해가 바뀔 때가 다 되어가는데
아직까지 제대로 내리는 눈이 오지 않는다
제대로라고 한다면
신발코에 닿자마자 스륵 사라져버리는
그런 눈도 아니고
모래 몇 번쯤 뿌리면 없어지는
그런 눈은 더더욱 아니고

잠들기 전 눈이 온다며
여유롭게 창밖을 감상하다가
아침에 지척만큼 쌓인 모습을 보고
세상에, 놀란 체하고서
정말이지 어쩔 수 없다는 듯 폭설이 심해
오늘은 회사를 쉬어야 할 것 같다며 연락해도
납득하고 말만큼 와 주어야
제대로 된 눈이지
아아, 그런 눈 언제쯤 오려나

참여소감

제 부분만 딱풀로 꼼꼼하게 붙여두세요 부탁드립니다

박성신

자취하는 남자

출근

어젯밤에 맞춰놓은 10개의 알람이 무색한 늦은 기상
부랴부랴 양치질만 겨우 한 채 바람을 해치고 달려
버스에 몸을 싣고 거친 숨을 몰아쉬다
언제쯤 이렇게 달려봤을까 하는 생각과
돌아오지 않는 가쁜 호흡에 새삼 떨어진 체력에 놀라고
퇴근하고 운동 좀 해야지 하는 마음에도 없는 다짐을 하다 보면
어느새 눈앞에 펼쳐진 지옥문
지금이라도 도망쳐야 한다고 가슴으로 외쳐보지만
어느새 발길은 사무실로 향하고
커피 한 잔으로 쓰린 속을 달래며 하루를 시작한다

소주

출근 이십 분 전

어제는 몇 시까지 함께였는지 기억을 더듬으며
함께한 시간만큼 무거워진 몸을 버스에 싣고

점심 한 시간 전

성난 속을 달래줄 메뉴가 있는지 확인해보지만
실망스럽기만 한 그래도 고기반찬에 만족

퇴근 한 시간 전

오늘도 함께하자는 그대의 말에
쓰리기만 하던 아침의 기억은 온데간데없고

퇴근 후

돌고 돌아 결국은 어제와 같은 곳에 앉아
무엇과 함께 해야 할지 고민하는 그대와 나

그대는 왜 이리도 달콤한가요
함께한 지가 오래인데도 늘 새로운 만남인 듯

질리지가 않네요

이직

누군가는 부러워할
괴로운 삶 속에서 꿈꾸는
새로운 환경, 새로운 사람들

익숙함에 젖어 권태를 느끼는 건지
현실에 대한 불만족 때문인 건지
자꾸만 새로운 것을 찾고

미련에, 불안에
그마저도 쉽지가 않아
다시금 마음을 다잡아보지만
또다시 스멀스멀 고개를 드는
그 망할 놈의 잡념에
잠을 이루지 못하고

새벽녘에 일어나
정신을 차려보면
쳇바퀴 속 다람쥐 신세

결국 안주하고 마는

다들 그렇게 살아가는 거 아니겠냐지만
정말 다들 이렇게 살고 있나요?

운전연수

이런저런 핑계로 도망치다
더 이상 외면할 수 없어
다시 시작한 운전 연수
하루 동안 아버지와의 데이트

단둘이 시간을 보낸 것이 얼마 만인지
익숙한 길을 차로 왔다 갔다
"그래 이만하면 된 것 같다"
내 어깨를 감싸 안은 두 손

새벽같이 내려와 짧은 만남 후
다시 핸들을 잡는 두 손
올라가는 뒷모습에 미안함만 남은
내 생애 다시없을 데이트

충청북도 ○○군 ○○읍

짧지 않은 시간 동안의 방황
지쳐갈 때쯤 날아든 희소식
해냈다는 기쁨에 분별없이 내려간 곳

이제는 적응할 만도 하지만
퇴근길 가로등 하나 없는 길을
정처 없이 걷다가
헛헛한 마음에 그대들의 안부를 묻고

다리가 아파 올 때쯤
집 앞에 도착해
문고리를 잡고도
한참을 망설이다

불 꺼진 방에
하나 둘 불을 켜고
몸을 누인 채
아침을 맞이하는

끝이 보이지 않는 어둠

산책

하루가 멀다 하고 함께 노닐던 그 길
어느새 시간은 우리를 갈라놓고
함께하던 그 길을 혼자 가야 하지만

각자의 길 위에서 열심히 걸어가다
시간이 허락하는 어느 멋진 날
우리가 만나던 그 길에서
다시 만날 날을 위하여

지금의 혼자 걷는 이 길을 묵묵히 걸어가자
가시밭길 일지라도 그 끝에는
천국이 있으리라는 희망을 안고

참여소감

퇴근 후 언제나 침대와 한 몸이었는데
간만에 책상과 한 몸이 되어 좋았습니다

세로

제 별명인 '세로'는
행복호르몬 '세로토닌(serotonin)'의 약자입니다.
세로토닌은 사랑하는 이와 맞닿아 있을 때 분비된다고 합니다.
사랑하는 이들과의 잔잔하고 따뜻한 일상을 꿈꿉니다.

외딴 방

외딴 방에는
퀴퀴한 곰팡이와
오래된 책 냄새가 났다

외딴 방에는
그림자가 살았다
슬금슬금 기어 다니다가
끝내는 사람을 잡아먹는 그림자

외딴 방은
진득하고 새까만 그림자 밑으로
침몰한 난파선 같았다
숨이 막혀
허우적대다가
나는
깊이
더
깊이
그렇게
차차

가라앉았다가
이내 익사하고 말았다

종착점

기차가 종착점을 향해 달리고 있다
기차가 멈추면 끝이 다가온다는걸,
우리는 알고 있다
끝이 있다는 사실이
함께한 시간을 더 빛내주었는지
그 빛을 다 바래게 했는지
알 수 없다

함께한 시간은 행복하였으니
끝이 다가온 이유를 찾을 필요는 없다
사랑하는 이와 멀어지고,
좋았던 장소가 싫어지고,
그리운 것이 없어지고,
좋아했던 것이 더 이상 좋지 않다
모든 이별은 슬프다
창밖엔 눈이 내린다
기억도 눈에 덮이었다

불행

나는 과거를 사랑한다
모든 소중한 것들은 과거에 있기에

과거의 행복에 내 몸을 부비고 또 부벼서
알아보기 힘들 정도로 닳고 닳았지만
나는 여전히 과거를 그리워한다

과거와 같지 않다는 건,
변한다는 건
두려운 일이다
일상이 깨졌을 때의 혼돈과 두려움을
나는 생생하게 기억한다
일상이 어긋나는 순간에 다다라서야
예전이 나았다는 걸 문득 깨닫게 된다

과거를 재현해내지 못하는 것이 내겐 가장 큰 불행이다
예전 같지 않은 인간관계나,
예전 같지 않은 삶
지금과 같지 않을 미래들

더 이상 미래가 설레지 않고 두려워진 건 언제부터였을까
더 나빠지지 않는다면
외롭고 우울한 일상이더라도 참을 수 있다는 생각을 했다
슬프게도 그런 생각을 했다

눈 내리는 겨울바다

그날의 나는 겨울 바다 앞에서 죽으려 했다
거친 파도에 내 기억들이 휩쓸려 죽고 젖은 모래만이 남았다
눈이 쌓여 무덤이 되고 그 앞에서 나는 홀로 애도하며 울었다
고요히
고요하고 무겁게

파문조차 일지 않는 호수를 가만히 내려다보던
네가 생각이 났다
우리 지독히도 먼 거리에 있음을 깨달았다
좁혀질 수 없는 너와 나의 거리
우주를 건너 손을 맞잡은 우리이기에 그저 좋았다
호수를 바라보는 너를 가만히 올려다보며
나는 그때의 너를 사랑할 뿐이었다

파도의 포말이 좋다던 네가 생각이 났다
새벽에 홀로 나와 바닷가 앞 벤치에서
밀려오고 부서지는 포말을 한없이 바라보았다던
네가 생각이 났다
네가 나에게 밀려오고 부서졌다
보글보글 거품이 일었다

네가 '소중하고 행복했던 기억'이라고 부르던
그 시간 속에서 나는 죽으려 한다
내가 덜어낸 나는 영원히 그 기억 속에서 살겠지
함께 호수를 보고 바다를 보며
또 그런 너를 바라보며 영원히 함께하겠지

그리고
남겨진 나는 또 행복을 찾아 헤매며 살아가겠지

또 하나의 지구

너를 알고 나서
나는 다른 세상에 살게 된 것 같아
네가 중심이 되는
또 하나의 지구
나는 너라는 중력으로
이곳에서 살아
넌 나를 끌어당기고
난 언제나 네 곁을 맴돌아
언제부터 네가 내 세상이 된 걸까

사는 것은 비극이다

삶은 죽음으로 가는
더딘 발걸음이라

창밖으로는
장송곡이 들리고

느린 시간에 홀로 갇혀
시곗바늘이 몸을 찌르고

울음처럼 문장을
투둑투둑
떨어뜨리고

시체 조각처럼
흩어져 버린 마음을
찾아 꿰맨다

참여소감

메일로 제 시가 출판된다는 소식을 전해 들었습니다. 메일함에 취업 포털 사이트에서 온 메일이 한가득이라 하마터면 다 같이 휴지통으로 갈 뻔했습니다.

제 인생에서 시집 출판은 단 한 번도 상상해본 적이 없는데 역시 인생이란 예측 불허하네요. 이 자리가 내 것이 맞나 의문도 들지만, 운 좋게 보물 상자 하나 발견한 셈 치렵니다.

누군가에게 '시 쓰는 게 별거 아니구나.'라는 위안과 용기를 줄 수 있으면 좋겠습니다. 제 시를 읽어준, 읽어주실 분들께 감사합니다.

P.S. '또 하나의 지구'는 시를 바탕으로 작사한 동명의 노래가 있으니 함께 감상해주시면 감사하겠습니다.

이상학

직업 : 장의사 자격증 보유

작가의 말 : 얇은 종이 위에서 따뜻함을 느낄 수 있길 기원하며…
하루하루 무언의 압박과 미래에 대한 두려움에 지칠지라도
시 만큼은 힘을 쭉 빼고 가볍고 담백하게 써보고 싶었습니다.

별 別

발아래를 보았다가 지평선을 보았다
왼쪽을 보았다가 오른쪽을 보고 뒤를 보았다
목이 아프다
달을 보았다 별을 보고 해를 보았다
눈을 뜨기 힘들다

나는 갈 곳이 없다 오른쪽인지 왼쪽인지 구분이 안 간다
동쪽에서 뜨는 해는 서쪽에서 뜬다
한 입에 삼킬 맛밤이 고구마여서 목이 막힌다
새들은 숨 쉬듯 모래를 쪼아 먹어도 기운이 넘친다

깃털같이 가벼워졌다 바람에 휘날리다 길을 잃었던 경험이 쌓인다
두 날개는 어려웠고 녹이 슬어 삐걱거리는 소음이 난다
날개는 나의 그릇에 담기지 않는다

하늘 높이 그릇을 들어 땅을 파면,
활주로가 나오고 잠자리 한 마리를 잡아넣으면,
손등에서 지저귐을 들을 수 있음에 찬란하다
나의 등에 다채로움이 피어나 쉴 수 있길 바라며

뒤돌아 보았을 때

빗나간 과녁같이 처절하게
찢겨나간 달력같이 안타깝게
철판에 인장을 박아 넣는다

뒤돌아야 보이는 옷매무새는 항상 엉클어져있고
가슴에 차있는 신발 끈은 단추가 빠졌다

고맙다는 말은 침묵으로 대신할 수 있을까
자신감 넘치는 눈 인사를 웃음으로 삼킬 수 있을까
방망이를 든 토끼가 숲속 마을 일인자가 될 때까지 호랑이는 무엇을 하고 있었을까

세뱃도토리를 잃어버린 어린 다람쥐가 발을 동동 구르듯
과일로 변신한 앵무새가 엉덩이가 간지러워 잠에서 깨어나듯
손바닥 돌리는 듯한 가벼운 무게에 깜짝 놀라 사진을 곱씹고 초점을 맞춘다
그 자리에 오롯이 그대로 있길 기원하며

오색찬란 모래성

당신은 오색찬란한 고양이 같다
움켜쥐려 하면 쏘옥 빠져나가 버리고
번쩍 들어 올리려 하면 스륵 미끄러져나간다
못생긴 고양이야 못생기면 착하기라도 해야지
청개구리 돼지가 야옹 하고
천진난만한 발걸음으로 사뿐히 날아온다고
나는 두 번 속지 않는다
당신이 내 손바닥에 올릴 만큼 작고 가벼워질 땐 나비처럼 잡히지 않는다
강아지풀로 유혹해 새장 안에 가둔 당신의 오색찬란함은 하룻밤 가면일 뿐이었고
고슴도치의 가시를 쏘아댔다
그래서 나도 오색찬란한 모래성을 지었다
당신은 모래로 지은 나의 성을 여기저기 부수고 다니는 맛이 짐짓 맘에 들었나
나는 나의 모래성을 당신의 오색찬란 사이에 지어놓았다
모래성이 번쩍번쩍하다

남극으로

비겁해지고 싶다
가을 다람쥐가 잊고 감춰둔 도토리같이
망망대해를 떠도는 부표와 같이

비겁해지고 싶다
빙글빙글 돌아가는 물레방아같이
둥실둥실 떠있는 하늘의 구름같이

솜사탕을 목구멍으로 넘기는 고통은
너무나 뜨거워 입천장을 홀랑 태웠다
귤껍질을 까는 고생은 너무나 고역스러워
겨울잠이 한 달은 앞당겨졌다

그랬어요
그러니 살려만 주세요
솔직했으니 정상참작해주세요
네? 비겁했으니 사형이라고요?
그런 게 어딨습니까?
여기 있다고요?
그럼 저는 따뜻한 남극으로 가겠습니다

하나(1)

호숫가에서 당신을 바라보려 할 때마다
수면으로 떠오른 당신은 이내 다시 물 속으로 가라앉는다.
그리고 또 다른 당신이 떠오른다
붙잡으려 해도 흩어져 버린다
당신을 마주 보려 할 때마다 매번 다른 당신이 떠올랐다 가라앉는다

떠올랐다 가라앉은 수많은 당신들은 호수 밑바닥에 있는지 바다로 떠내려갔을지
나는 잘 모른다
단지 지금 떠오른 당신을 내가 마주 볼 수 있음이
당신의 실체를 순간이나마 인지할 수 있음이
잠시 쉬어갈 한 줌의 호흡을 내뱉을 수 있음이
당신을 이 자리에 묶어놓을 떨림으로 증명한다

A green horse with four hearts

슈아아아아아아아아아아아앙

Y2K 마지막 유산인 초록 말이 내달렸다

슈아아아아아아아아아아아앙

쏭하고 사라진다고 쏭카라는 애칭이 있는
강철의 말은 멈춰서서 거친 숨을 내쉬었다

겔겔겔겔겔겔겔

숨 막히게 미친 듯이 달리던
굉음을 내며 달리던
네 개의 심장이 뛰는 강철의 말을 되살리기에
나는 너무나 비루하고 나약했다
현재 초록 말들은 멸종위기종이 되었고 그렇게 되기까지는
나의 책임도 있다

겔겔 거리던 그 숨소리를 다시 들을 날이 올까

새로 데려온 하얀 말아 너는 뚱뚱해선

왜 이렇게 둔하고 많이 먹기만 하는 거니!

아! 나의 초로기여! 왜 그토록 맥없이 쓰러졌나!

슈아아아아아아아아아아앙!!!

내가 죽기 전까진 다시 만나길!

참여소감

작년에 썼던 시를 오글거려 차마 다시 읽지 못하겠습니다. 시작부터 넌씨눈에 마무리까지 뜬금포로 마무리…. 넌 누구냐?

아무래도 환경이 사람을 만든다고 조금 미쳐있던 것 같습니다. 이쯤 되니 이번에 쓴 시들도 제정신으로 쓴 건지 의구심이 듭니다. 내년이 오면 알 수 있겠지요.

올해도 이토록 좋은 기회를 주시고 참여할 수 있게 도와주신 여러분들에게 감사하며 소감을 마치겠습니다.

루즌아

긍지 높은 웹툰 작가입니다.
어디 가서 "직업이 뭐예요?"하면,
"무직이에요." 라든가 "그림 그려요."
하고 피해왔던 것을.
이제는 당당하게… 웹툰을 그린다고 말하게 되었습니다.
저는 웹툰 작가입니다.

2015년 8월 16일 오전 0시 25분에 저장한 글입니다

다들 좆같지만 좆같은 채로 그냥 살고 있었다
자기 파괴적인 행동을 하면서까지도
자신의 위치를 지켜야만 했다
모든 것은 자기합리화를 하는 자와
자신을 탓하는 자 둘로 이루어질 뿐이었다
어려운 일이었다
그런 것에서 벗어나기에는

가끔씩 나는 정말로 정말로 원망스러워질 때가 있었다
원망을 하지 않으면 견딜 수 없을 정도로
처참한 일들이 내게 벌어지고 있었다
"가만히 있는 나를 왜 눈물짓게 하나요?
가슴속 머릿속 자연스러운 습관 하나까지
당신의 부정적인 영향이 배어 나와요"
아무도 대답해 주는 이가 없었다
각자 모두 살기 바빴다

시

지혜야, 그렇게 하지 마
친구들이 내게 말했다
하지만 난 듣지 않았다
그래서 내 옆엔 걔네들이 없는 것 같다

메이크업 배틀

나는 너한테 잘 보이고 싶어서
화장을 했지
스킨을 바르고 로션을 바르고
에뛰드 하우스 글로우 온 베이스를 바르고
모공 프라이머를 바른 뒤
팔레트에 파운데이션을 덜어
브러시에 묻혀 펴 발랐다.
눈 화장도 하고 립스틱도 바르고
그렇게 치장을 하고 샤넬 마드모아젤을 뿌린 뒤
너를 만나러 갔는데
너는 자켓을 걸치고 나왔더라
멋진. 가을에 어울리는 자켓을.

네 옷깃에 내 얼굴을 묻혀서
화장으로 범벅이 된 자켓을
언제쯤 볼 수 있을까?

3층

약을 먹으니까 자의식이 줄었다
정상적인 사람들은 이렇게 편히 살다니,
열이 받는 부분이다

나는 밥 한 숟갈 먹는데도
눈물을 흘리며 불안감과 싸워야 했다

그것은 그랬어야만 해. 그랬어야만 해. 그랬어야만 해.
그랬어야만 해. 그랬어야만 해. 그랬어야만 해.

수천 번 싸웠던 내 마음속 외침 같은 건
있지도 않은 것이었다

'다들 이렇게 편하고 안락하게 사는 거였구나.'
나는 이제 자의식이 줄어서
새로운 발견에도 별로 대수롭지 않다

8186

"저는 동그랗게 말려 있어요."
그녀와 통화를 할 때 하는 말이다.

"모."
그것이 그의 대답이었다.
"미."
다시 수화기 사이로 작은 목소리가 새어 나왔다.

"네모나게 접혀져 있어요."
그녀.
"그랬어~?"
그.
 사랑하는 사이.

양파에 대고 죽으라고 말해보세요

"죽어"라든지, "썩을 년.", "바보."
그리고 다른 양파에 대고 사랑한다 말해보세요
"사랑해", "네가 최고야." "희망"
시발 이런 걸로 양파가 시발
뭐가 달라지냐고 존나 눈 따갑네 시부랄탱

참여 소감

단편만화를 텍스트화시키는 기분이 들어서 재미있었습니다.

사실 많은 사람들이 모르는 저의 비밀 중 하나는 제가 초등학생 시절, 시를 적어내어 제출했었는데 그게 학교 신문에 실려버린 일이 있었습니다.
또. 중학교 때 비구니의 심정을 담은 〈노승〉이라는 시를 써서 수행평가로 제출했는데, 어디서 베낀 거 아니냐고 점수를 낮게 받은 기억이 있었습니다. 그렇게 저는 어릴 때부터 시 쓰는 재능이 있었던 것이었습니다.

자랑을 해서 미안합니다.
저의 시 관련 허접한 스펙이었습니다.

김미체

1986년 서울에서 태어나다
글을 쓰려다, 음악을 하려다, 지금은 책을 만듭니다
마시는 것은 커피와 홍차고 피우는 것은 담배와 게으름입니다

너는 흑백의 세상도 살만하다고 했다

형형색색의 색연필도 필요 없어
각종 파스텔톤의 마카롱도 아무래도 좋고
여러 가지 유화물감도 쓸모없고
1초에 수십 번 번쩍이는 스크린이 없어도
꽤 살기에 좋다고
귤의 푸른 부분이 조금 알아보기 힘들 수는 있어도
까먹으면 비슷하니까,
때때로 라임인지 레몬인지 몰라도 그게 그거니까,
삼색이를 분간할 수 없어도
고양이에게 중요한 건 무늬가 아니니까,
그리고 새하얗기만 한 눈을 보거나
백상지에 글씨를 꾹꾹 눌러 쓰는 건 아마 같을 거라고
블랙메탈 뮤직비디오는 오히려 더 분위기가 산다고

그렇게 말했던 것 같다
또 뭐라고?
기타의 지판이 로즈우드인지 메이플인지 좀 헷갈리는 정도였을까

하지만 색상값이 없는 세상에서 무얼 보는지 나도 때론 궁금해
그래도 말이야,

그래도 어린 플라밍고가 크림색인 줄은 모를 거야
네가 본 적 없다던 흑백영화에 대한 설명도 굳이 하지 않을 거야

무지개다리

모두가 바라건대
우리와 함께 살던 동물들이 죽음을 맞이하면
무지개다리를 건넌다고 한다
그리고는, 우리는 언제나 상상하지
다리 너머에는 어떤 세상이 있을까

누군가는
따뜻한 잔디밭 위로 고구마치즈볼이 굴러다니고
공중에는 프리스비나 크고 작은 공들이 제멋대로 날아다닌다고도 하고

누군가는
언덕의 한 켠 마다 개박하와 개다래나무가 자생하고
대체 어디서 만들어졌는지 알 수 없는 모든 종류의 통조림이
길가마다 늘어져있다고 한다

물론 거기에는 빈 상자도 잔뜩 굴러다니겠지. 물론 크기별로 말이야.

가끔 굴러다니는 휴지를 마음껏 다 잡아 뽑아도,

왜 거기 있는지 모르는 소파를 다 찢어 놓아도
뭐라고 할 사람이 없는 것에 살짝 뒤돌아보며 과연 허전해 할지
모르겠지만
그러다 보면 언젠가 또 만날 수 있을 거라는
이기적인 생각을 하곤 해

얼마나 빈약하고 물질적인 상상인가 싶지만
생각만으로 울음이 나오려 하는 것은 왜인지

고향이 서울

제 고향은 서울입니다
강남 성모병원에서 태어났어요

서울에서 태어난 사람들은 고향이 없다고 하지요
순간순간 쉼 없이 번쩍이는 도시에서 변화는 당연한 것입니다
싫다는 것은 아니에요
그래도 아쉬운 순간이 있잖아요?

내가 사랑하던 곳들은
그곳에서 지낸 시간보다
빈자리를 추억하는 시간이 더 길곤 해요
점멸하는 신호등처럼
꼬리가 긴 유성처럼
나타났다 사라지는 일이 흔하거든요

태어날 때 살던 곳은 지금 신주소의 이름을 달고
시내버스도 지나다니는 큰 길이 되어있어요
홍차와 함께 조금의 정적을 기울이던, 대리석 테이블이 시원하던
찻집은 아무 흔적도 없어졌어요

그 찻집 하나가 마냥 소중했던 건 아니지만
같은 이야기가 쌓이고 쌓여 당연한 것이 되어버리네요

이런 정체성을 가진 나의 대도시에서
자본주의의 약속은 아직 유효한 걸까요

시인들

학림다방에는 손님들이 줄을 서서 커피를 마시기 시작했고
나는 어느새 정식이와 동갑이 되었다.
먼저 가버린 동주나 형도는 동생이 되었고
아직 젊어도 종종 슬픔이 쌓이곤 했다.

세상은 여전히 빠르게 바뀌고 있었으나
나는 무엇에 취했는지 감각은 더뎌지기만 했다.
봄은 언제 왔었냐는 듯 기록적인 더위가 이 땅을 덮었다

그 해 은태는 바지를 벗었다는 소문 아닌 소문이 돌았고
아무도 의아하게 생각하지 않았다

다시 겨울이 찾아왔지만
추위 같은 건 아무래도 좋았다

서울 레지스탕스

멋진 것은 죄다 갖다 붙이고 싶은 어린 시절도 있었다.
생각하기에 멋진 것은

아나키스트
공산주의자
헤비메탈뮤지션
펑크록커
레지스탕스
혁명가
라이더
부츠컷
장발
가죽재킷
바이크

21세기에는 이미,
진부함 덩어리가 모이고 모여
푹 썩어 퇴비 정도에나 쓸 법한
그런 부류의 것이었다.
(그렇다 이 젊음은 비로소 21세기에야 살아가고 있었다)

주의 따위는 갖지 않는 것이 소유의 형태라며
공허한 말을 내뱉을 때 경청하던 이들의 진지한 눈빛은 어디로
흩어졌는지
지금은 도무지 알 수 없다

그래서 나는 지금 서울 레지스탕스
대항할 존재를 잃어버린 허무의 서울 레지스탕스

도넛

도넛은 참 동그랗기도 하지
구멍도 뻥 뚫려있고 말이야
캐러멜이 동그랗게
동그란 빵(도넛이다) 위에

도넛을 보내준 당신이 참 좋아
덜렁덜렁 널따란 상자에 도넛을 가득 채워와선
커피와 함께 먹었지

한 개, 두 개 집어먹으며
이 구멍은 대체 무어야?
자본주의가 통과하는 구멍인가 껄껄
미국의 공권력이 허용하는 틈새 같은 것일까
이제 우리나라엔 남은 도넛 프랜차이즈가 별로 없군
구멍이 막힌 도넛을 자꾸 팔아서 그런 건 아닐까
애초에 구멍이 막혀있는 것을 왜 도넛이라고 하는 거야
도넛의 정체성은 원이 아닌가
구 형태도 도넛이라고 하는 모양이지만 말야

어쨌든 나는 동그라미가 좋다

참여소감

쉽고도 힘겹게 또 시를 써 보았습니다. 좋은 문장에 대한 욕심은 버렸지만 뭔가 새로운 욕망이 차오릅니다. 어쨌든 또 재미있었으니까 다 된 일입니다.

저는 도넛맨이라는 래퍼를 탐탁지 않게 생각합니다. 그러니까 제가 도넛맨이 되어야겠습니다.

- 도넛맨

한지

나를 설명하는 표현들을 빠짐없이 써보려 하지만
항상 뒤늦게 떠오르는 생각들 때문에 아쉽습니다.
역시나 자기중심적인 사람이고
좋아하는 것도, 싫어하는 것도 너무 많은 것 같습니다.

페루에서 보내는 서신

많이 놀랐니? 아니면 예상하고 있었니?
너와 태양을 여덟 바퀴째 돌고 있었을까
나는 먼저 가보도록 할게,
너는 조금 더 천천히 오렴

네가 샘낼 만큼 긴 비행이 되겠지만
급하게 따라오진 않았으면 해
너는 나보다 많은 계절을 입안에 머금어줘
내가 없는 봄은 익숙해질수록 따뜻해질 거야

페루에서 기다리고 있을게
나 먼저 오게 된 건 미안하지만
이렇게 편안한 것도 오랜만이야
오랜만에 아프지 않은 낮잠을 잘 수 있어

많이 보고 싶을 거야, 그럼 나중에 봐

대파업

[속보] 문장부호 중 절대적인 지분을 차지하던 마침표 조합, 파업에 돌입하다!
[2보] 쉼표 조합 "마침표 조합의 결정 지지해!" 각종 부호 조합들 술렁여!
[3보] '비상사태' 마침표 조합 역시 파업 동참? 남은 부호들은 무엇이 있는가?
[4보] 물음표와 따옴표까지~ 남는 부호들 사실상 존재치 않아 곤혹

[속보] 비정규직 세미콜론 대거투입; 문장들은 정상가동중;; 그러나 당분간 차질이 있을 듯;;;
추가보도 괄호들까지; 사실상 국문학의 종말;;;

아직까지 글자들이 남아있는 한 괜찮지 않을까요;;; 꼭 문장부호가 필요한 건 아니니 우리 어떻게든 남은 ㅡㄹ자들로 ㅕ텨ㅛ죠;;;

이 ;;ㅏㄹ이 ㅡㅌ나ㅣㅏ;;; ㅜ서;;
ㅔ ㅗㅡ ㄴ;; ;;;; ;;;; ;;;;;;;;;;;;;;;;; ;;;;;;;;;;;;;;;;;;;;;
;;;;;;; ;;;;;;; ;; ;;;;;;; ;;;;;;; ;;;;;;; ;;;;;;;;;;;;;;;;;
;
;
;
;;;

공백의 근태

공백들이태업을실시했다사람들이너무무시했기때문이다왜너희는아무일도하지않냐고가만히있는게뭐가그렇게힘드냐고그랬더니공백들이봉기하기시작했다자기들의역할이얼마나중요한지사람들이깨닫지못했음에대해화를내는것이다사실가장어려운게빈공간을유지하는것이고숨을쉬는것인데왜그걸몰라주는지정말답답할노릇이다숨을쉴틈이없으니글을끝까지읽는것이어렵고소리내어강독할수도없다공 백들은이차로태 업을실시했 다해 야할시간에일을하 지않고마음대 로움 직이는것이다사 람들 은글자 로인한혼 란만을걱정해왔으나사   실상인   류   는
공   백을걱   정해   야
했 다

사랑니

머리에 구멍이 하나 더 생기고 말았다
한 겨울에 병원에서 나오며 피섞인 침을 삼킨다
피가 굳은 잇몸을 혀끝으로 훑으며 찌푸리는 미간
며칠간 삶에서 가장 큰 고민이었던 게 오 분 만에 사라졌다

완성되자마자 시들해지는 손끝의 문장들처럼
고통도 순식간에 희미해졌지만
까치가 넘어오기에는 너무 높아진 아파트 지붕을 보며 생각했다
그래도 첫사랑보단 이게 확실히 더 아팠음을

나잇살

혀끝에서 맴돌던 말을 한 번 삼킨 후 생긴 불쾌한 포만감
한 번 아낀 표현은 자연스레 목구멍 뒤로 넘어간다
소화되지 못한 단어들이 어느새 늘어나서
위로도 아래로도 나오지 못하고 쌓여가는데
사람들은 그걸 나잇살이라고 부르더라

시인

진부하기 짝이 없는 표현들에 휘감긴 채로
새벽과 꽃과 사랑이 학대당하는 것에
그들이 글자로만 남아 자위기구로 전락한 것을 보며
가난과 땀과 늙음이 가벼운 연민의 도구로 휘발되어버린 것에
과연 시인은 시인이구나 생각한다

왜곡된 기억과 있지 않았던 과거를 읊조리며
첫사랑과 창녀들과 낯선 소녀들이 자기도 모르는 사이에
오만 수식어로 잘리고 다듬어진 채로 박제당한 것을 보며
젖가슴과 자궁만을 노래하는 자신을 사랑하는 것에
역시나 시인은 시인이구나 생각한다

도시의 덧없음을 노래하고
세속적인 삶을 비난하지만
아무 일도 하지 않으며
세상을 종이에 가둘 생각뿐인 자들을 보며
나 또한 시인은 시인이구나 생각한다

참여소감

  사실 아직도 시를 쓰라고 하면 적당히 줄을 끊고 내 기준으로 어려운 단어들을 나열하는 것, 그 수준에서 벗어나지 못했습니다. 지독한 자격지심 덕분에 이해도 못 한 주제에 심오하게 고개를 끄덕이는 버릇이 있어서 대충 눈속임은 하지만 역시나 글을 쓰는 순간 티가 나는 것 같네요. 아직도 똑똑한 사람들을 만나면 겉으로는 맞장구를 치며 과할 정도로 말이 많아지지만 속으로는 그런 자신에게 욕을 하며 진땀을 빼고 있습니다. 이번에도 훌륭한 시들 사이에 그럴싸하게 끼어는 있되 아무도 내용은 읽지는 않았으면 하는 마음으로 참여를 했습니다. 이 글도 너무 자세히는 읽지 말아 주세요.

김형석

먼 곳에서 당신을 기다리는 사람

좋은 원두로 만든
카페라떼 한잔을 당신에게 드립니다

마음을 담았으니
잊혀지지 않을 만큼
천천히 마셔요

베를린 천사의 시

지나가는 길 위에서 만났을 뿐인데
어깨에 문신으로 적어두었던
알 수 없는 독일어의 의미를 궁금해했지
너에게 날개를 기대하지는 않았어
내가 아는 모든 단어를
부정확한 발음으로 이야기하는 동안
너는 나를 안다고 말하겠지
히틀러가 자살하던 날
너는 어디에 있었니
내가 나를 포기했을 때
무릎으로 먼저 땅을 디뎠지
베를린의 하늘이 흐려도
너는 항상 웃고 있었어
내가 먼저 불을 꺼야만 다가왔었던
네 입 속에서는
다시 어린 독재자가 자라고 있다

무너진 벽 앞에서는 배고픔도 잊고
시간을 먹으면서 오래 기다렸어
꿈을 나눠주다가 들킨 사람의 표정으로

욕망이 가득한 아침을 맞이하겠지
잃어버린 중세 기사의 갑옷을 입고
걸음마를 시작한 아이와 같이 걷다가
노화된 추억을 아슬아슬하게 더듬었던
곡예사의 몸짓처럼 사랑했어

은인

부족한 문장은 천천히 읽어주며
원했던 시간만큼 빠르게 늙어가기를
하나의 여름이 나의 방을 녹일 때
시작되는 하소연을 들어주었지
입술 끝에서만 전달되는 비밀을 말하고
어제 버렸던 말들은
오늘을 겨냥하고 있었다
과거는 빛났지만 힘이 없고
누군가 번역해 주기를 바라는
시간들이 수면 아래 잠겨 있었다
한 사람의 성장기를 쓰려면
생각나는 이름이 있어
어떤 조건도 없이 나를 이해하는 동안
기다리고 있었을 당신을 보면 나는
청춘을 계산하지 못했던 시간에
관통당한 삶이 흔들리고 있었지
수면 위에는 고요함만 남아 있었고
얼어붙은 계절에 잘못 그어진 선 하나는
비뚤어진 미소로도 가릴 수 없어
당신은 내가 희미하게 보이는 곳에서만 살고

지금은 잊혀진 노래를 부르며
아픔은 가벼운 기침으로만 끝나기를
바라는 마음을 옮겨 적는 동안
오래전 읽었던 소설의 제목처럼
연약해서 두려운 마음들이 당신처럼 가득한
오늘이 어떤 날보다 부드럽게 느껴졌어

전야제

계획된 도시 안에서 무너지는 너의 한숨을 보며 오늘 밤까지는 살아보기로 결정하던 날 추상화처럼 들려오던 너의 본명을 찾아보기로 했다

우리는 모두 내일이 지나면 잊혀질지도 모른다는 불안감을 가지고 살아온 사람 아침이 오면 누구의 아픔으로 제목을 쓰게 될까

끝내 터지지 않을 불꽃만을 기다리는 안타까움이 쌓여가는 장소에서는 약속을 잊은 눈빛들이 하늘만 바라보고 있었다

이미 집으로는 가지 못하는 길 위에 서 있다는 것을 알면서도 단 한 번도 불려본 적 없는 이름들은 쓸쓸하게 퇴장을 하고

같은 마음으로 내일을 기다려도 다른 순간을 살고 있기 때문에 그림자도 없이 땅바닥을 끌며 걷고 있었지

단 한 문장으로 편히 재워주기를 바라는 나의 마음과 등을 맞대고 있어도 사랑할 수 있다는 너의 말 사이에는 도치법이 적용되었고

낡은 여관에서 서로의 젊음을 이해하는 동안 오래 기다렸던 축제의 결말은 더 가까워지고 있었다

오월계단

낯선 바다를 헤엄치다가
방금 돌아온 당신은
계단을 오를 힘이 없었지
마르고 있는 몸에서는
어떤 향기도 나지 않았다
비슷한 걸음을 걸어왔기에
헛된 발길질은 할 필요가 없다며
앞서서 울리던 풍악이 서러웠던
그때가 5월이었어

당신 때문에 아침이 되었던 날들이 많았었지
마음은 부족해도 사랑한다고 하면서
힘없이 계단을 오르다가
잠깐 누웠던 자리는 아직도 얼어있겠지
연인의 살결에 취해 있었던
꿈에서는 한 평이면 충분했는데
시인이 되고 싶었던 청년이
말과 글을 숨겨두고
저항도 없이 입대를 해야 했던
그때도 5월이었어

빼앗긴 악기의 연주법을 잊고서 돌아와
빈손으로 전하는 인사는 글씨가 되고
주제가 바뀐 대화를 열심히 따라가다가
끝내 오르지 못한 계단 앞에서
읽기만 해도 숨이 차오르던 당신의 이름을 불러본다

비상구

눈동자는 흔들리겠지만 너는 눈물이 아니야
순간 넘어졌던 자리가 아직 아프고
너를 만날 때 없었던 흉터를 가지고 살아
기쁨이 탑승하지 못한 채로 닫힘을 계속 누르는 동안
미완성의 그림들이 나열되고 있었지
만들어 주었던 공백을 채워가면서
마음에 맞지 않는 옷을 입고 걷고 있어
목소리는 잊었어도 가는 길은 기억해
분명히 밤을 지나온 것 같은데 다시 밤이야

손톱에는 새길 수 없는 이름이 있어
나는 너를 무엇으로 부를 수 있을까 생각했다
권력이 없는 날에는 항상 바람이 불어
슬픔을 읽으면서 잠에서 깨면
좋은 술을 사놓고 기다리고 있을 테니
상징적인 이름으로 남아
위험한 순간에만 찾는 사람으로 계속 곁에 있어줘

어느 포근한 술집의 회상

오늘은 바람이 차다는 말을 대신해
내가 떠올릴 수 있는 단어가 있었던가
없는 말들로 취해 가는 시간 속에서
불안한 너의 언어라도 빌리고 싶었어
부풀어 있었던 것은
우리의 희망뿐이라던 현실 속에서
어차피 잊혀지거나
비밀로 간직하게 될 이야기라면
말없이 각자 생각만 하자
아무도 모르게 둘만의 술자리를 이어갈까
너는 내가 조금 더 열심히 뛰었으면 좋겠다는 말 대신
내 술잔에 너의 이름을 채우고 있겠지
창밖으로 북한에서 가장 유명한 정치인이
죽었다는 소식이 들려오고 있었던
어느 해 겨울의 한순간
잠이 많은 너의 신은 아침의 기도를 듣지 못할 테니
잠깐 쉬었다 갈래?
다른 방향의 슬픔이 왜곡되어
신음 속에 잠긴채 살지 않기를 바라면서
황구지천을 세느강보다 멋있게 표현할 수 있는
그런 문장을 안고 죽고 싶었어

참여소감

　시를 잘 쓴다고 생각했던 부족한 어린 시절이 있었습니다. 아무것도 모르는 내 자신감이 하늘을 넘어 달 착륙을 꿈꾸던 시절이었던 것 같습니다. 나이를 먹으면서 조금은 겸손해지려고 했는데 지금도 꽤 잘 썼다고 생각합니다. 아직 어른이 되지 못한 것 같습니다 어른이 되어 진짜 잘 쓴 시로 다시 한 번 만났으면 좋겠습니다.

성종인

유럽 바리스타 자격증 소유

커피자격증 1급 소유

탐앤탐스 SB직급

커피는 자신있음

2월8일 (1)

오늘 홍남순 씨는 기분이 좋습니다.
먼저 하늘에서 자기를 기다리던 김재희씨를 보러 가는 날이라 기분이 너무 좋습니다.
그동안 자신 때문에 고생한 딸 김재숙씨한테는 미안하지만 첫째 아들 재희씨를 보러 간다는 생각에 남순씨는 너무 기뻐 발길을 재촉합니다.
얼마쯤 갔을까요? 저 멀리에서 건장한 청년이 자신을 향해 울며 뛰어옵니다. 순간 남순씨는 그 자리에 서서 하염없이 눈물을 흐리면 그 청년을 기다립니다.
세상 모든 상처 세상 모든 고통을 이겨내고 청년의 모습으로 자신에게 뛰어 오는 재희씨의 모습에 남순씨는 기쁘며 미안한 마음에 하염없이 눈물이 흘러 자리에서 움직일 수 없습니다.

재희씨 또한 하염없이 눈물 흐리며 어머니 고생했다고 고생하셨다고 남순씨에게 울며 말합니다.
이 둘은 이제 고통도 아픔도 없는 하늘에서 건장한 청년과 여인으로 기뻐 춤추며 우리를 위하여 기도합니다.

커피 한 잔

오랜만에 3월의 일요일 휴무
대형 프랜차이즈 커피 전문점에 와서
제일 큰 아이스 아메리카노를 시키고
이북(e-book)으로 소설을 보며 숨을 쉴 때마다 느껴지는
커피 향기를 느끼며 일요일을 시작한다

옆에서 어린 커플이 아이스 아메리카노
한 잔을 시키고 서로 너무나 사랑스러운 눈으로
오늘 데이트를 어떻게 할 건지 상의한다

그들을 보면서 문득 나도 데이트가 하고 싶다
시답잖은 이야기도 깔깔대면서 얼굴만 봐도
너무 좋은 그렇게 좋은 커피 한 잔만 마셔도
그대가 내 옆에 있어 너무 좋은 그런 데이트가 하고 싶다

잣나무

길을 지나다 산에 있는 잣나무를 보았다
잣이 많이 열려서
잣이 나무인지 나무가 잣인지 구분이 안 갔다
참 내 인생 같다

샤워 같은 저녁

그런 날이 있다.
샤워를 하고 나오는 듯한 칼칼한 저녁
퇴근하고 샤워 후 운동복 입고
친구와 편의점에서 맥주 한잔하러
가야 할 것 같은 느낌적인 저녁

샤워한 후의 칼칼함과 건조함이
같이 올라오는 저녁의 날씨
거리엔 사람들이 별로 없고
밤인데 아주 어둡지 않고 그렇다고 밝지도
않은 그런 느낌의 저녁

반팔에 반바지 입고 슬리퍼 신고 뚝방에서
운동하는 아줌마 아저씨 옆에서 캔맥주 마시면서
쓸데없는 이야기로 오늘 하루도 수고했다고
잘 살았다고 격려해주는 그런 느낌의 저녁

32년

32년 전 오늘, 당신은 아직 태어나지 않은 아들을 기다리며 시부모님 식사를 차리고 있었겠죠.

택시회사에서 퇴근한 당신의 남편은 곧 태어날 첫아들을 기다리며 기쁜 마음으로 퇴근을 서두르면서 집에 와 당신과 이야기를 했을 겁니다.

그로부터 5년 뒤 당신은 방학동 1층 카센터에서 둘째를 임신하고 이제 5살이 된 첫째 아들은 지나치게 해맑아서 아무것도 모르고 뛰놀고 있었겠죠.

그 후 7년 뒤쯤 옆집으로 이사 가서 조금은 힘들고 조금은 빠듯한 삶을 살아갔지만 두 아들에겐 부족함 없이 해주셨습니다.

이제 제가 태어난 지 32년이 되고 제 제일 친한 친구가 태어난 지 28년이 됐습니다.

저는 아직도 철이 없고 제 친한 친구는 자신의 길에서 고생하지만 저희에겐 두 분의 참 좋은 인생의 스승이 있어서 바른길을 알고 그길로 가려고 노력 중입니다.

내일이면 어버이날인데 따로 꽃은 준비하지 않겠습니다.
저에게 두 분이라는 꽃으로 충분하니깐요
사랑합니다. 존경합니다.

2월 8일 (2)

베갯잇을 적실 만큼 울었던 꿈이 있다.
강경하였지만 이제는 우리 수발 없이 밥도 못 드시던 외할머니가
돌아가시는 꿈.
시골에 살았던,
누구보다 강경하면서,
옛 가옥에 먼지 한 톨 없이 부지런했던,
그분이 돌아가시는 꿈을 꾸던 그 밤,
이유없이 울었던 그 꿈,
그 꿈이 실제로 일어났다.

초등학교 때 자주 주말에 갔던 시골집에
아버지에겐 외할머니가 만들어뒀던 탱자술,
삼촌과 저녁을 드시고 잠들시던 밤,
언제나 무슨 이야기가 그리 많은지
어머니와 외할머니의 못 본 날들만큼
시골 동네 이야기와 우리 가족의 사소한 이야깃거리들은
날 재우는 자장가가 되었다.

그리고 언제나 아침이 되면 할머니는
마음에도 없는 차 막힌다는 소리를 하시며

"싸게싸게"
우리를 집으로 귀가시켰다.

중학교를 지나 고등학교 들어갈 즘
강하고 강경했던 할머니가
더 이상 움직일 수 없는 애기가 되어
우리 집으로 살기 위해 오셨다.

왜일까?
강하고 강경했던 할머니보다
난 더 이상 움직일 수도 없으며
계속 말도 안 되는 혼잣말을 소리치던 할머니가
더 좋았으며
애정이 생겼다.

2월 8일
그 외할머니 장례식장에서 먹던
육개장과 머리고기가 내게 어떤 의미인지 아직은 모르겠지만
16년간 살아왔던 할머니와 이별이 내겐 아직 인식되지 않는지
아니면 잊고 싶지 않은지
육개장과 머리고기는 내 마음도 모르고 맛만 있었다….

참여소감

외롭지도 쓸쓸하지도 않지만
춥기도 허망하기도 하며
"잘 가 고마웠어"라고 할 수 있지만
뭔가 모를 허무함이 있다.

한은수

카페에 가면 초코라떼부터 찾고
아직 커피는 쓰기만 한 사람
카페를 커피보다
분위기로 고르는 사람
동네 카페를 사랑하는 사람

11:11

누군가 나를 생각하고 있으면
열한 시 십일 분을 보게 된대요
당신이 나를 생각하나
시간이 되기도 전에 시계를 봐요
흘끔
또다시 힐끗힐끗
왜 하필 이때일까요
0과 1의 전자 신호처럼 생각이 켜졌다는 걸까요
1분이 지독하게 기네요
1일 1시 1분 1초 모두 당신 생각을 해서일까요
시계가 똑딱
내 마음도 풍땅풍땅
열 한시 십일 분이 되면
설마 하면서도 괜히 웃음이 나요
아,
당신도 시계를 봤겠어요

기다렸어요

왜 이렇게 일찍 나왔냐구요
우연히 고개를 돌렸는데
바람이 불어서 갓빤 여름 이불이 살랑거리는 거예요
마침 새도 밖에서 지저귀고
준비도 다 해버려서요
그쵸 요즘 날이 너무 좋잖아요
꽃이고 나무고 하늘이고
하나 빠짐없이 눈이 부셔서
괜히 기분까지 설레는 거 있죠
그래서 그런 거예요
괜히 가슴이 두근거리는 것도
눈에 닿는 모든 게 반짝거리는 것도
어떤 옷을 입을까 이런 것도 챙길까
잠들기 전에 하도 점검해서 더 이상 준비할 게 없었던 것도
동화 속 주인공이 된 것만 같은 것도
시계를 10분에 열다섯 번씩 봤던 것도
다 그래서 그런 거예요
요즘 날이 너무 좋아서요

술래잡기

누가 이들의 눈을 가렸는가
자그마한 방에서는
모두가 술래가 되어 그 안을 맴돈다
눈에는 검은색 천 쪼가리
앞으로 뻗은 채 더듬거리는 손들
허공을 휘적이며 헤벌쭉 벌어진 입

아하하, 여기야.
여기라니까.

위화감에 답답함에 천을 벗기면
눈앞에 나동그라지는 공허
귓가에 머무르는 정적
규칙을 벗어난 술래에 대한 소리 없는 비난들
막연한 공포

그 커다란 막막함에 그들은
황급히 천을 두른다
술래를 자청한다

금방의 허무를 잊으려는 발버둥처럼
뻗어진 손가락들은 술래의 본분을 다한다
목표 없이 공중에서 허우적대는 수많은 술래들

여기래도, 하하.
잘 좀 해 봐.

천 없이도 눈을 감은 채
예의 그 미소를 짓는다
귀를 간지럽히는 박수, 박수 소리들

아아, 목소리가 저들의 눈을 가리었구나

실금

나의 온도와 너의 온도가 달랐나
그래서 실금이 갔나
쨍하고 갈라졌었나
그 실금이
커지고 커져서
끝내
종내에는
나와 너를 갈라놓을 때까지도
내 온도에 달뜬 나는
그 실금을 발견 못 했나

아이는 배를 곯고 있었다

아흔아홉 번째 밤
백 개의 밤을 헤아리면 엄마가 온다
엄마는 그리 말하고 보이지 않았다
그래서 아이는 밤을 세었다
엄마가 없어 꼴딱 밤을 새는 적도 있었다
일곱이 갓 넘어간 밤
채 열 손가락으로 꼽기도 전에 언니는 투정을 부렸다
언니는 배가 고파 기다릴 수 없나 보다
아이가 그리 말하자 언니는 이제는 기억할 수 없게 된 말들을 했다
멍청하다는 말을 끝으로 아이는 언니의 목소리를 잃었다

삼십이 되어가는 밤
언니는 아이를 찾았다
아이는 언니의 눈빛을 잊을 수 없을 것이다
낯선 옷을 입은 언니는 아이를 데려가려 했다
아이는 발버둥을 쳤다
아직 백이 되지 못해 아이는 떠날 수 없었다
언니는 다시 바보 같다는 말을 남겼다
아이는 끝내 언니의 얼굴마저 잃어버렸다

백 번이 되기 꼭 하루 전날 밤
아이는 엄마를 사랑했다
그래서 아이는 배를 곯았다
언니를 따라나서지 못했다
언니와 엄마가 두고 간 것들은 이미 바닥이 났다
아이는 찬 바닥에 누워 문만을 쳐다봤다

동이 트는 것 같았다
발소리가 들리는 것도 같았다
아이는 희미한 미소만을 지을 수 있었다

오늘은
유독 잠이 오는 밤이었다

열대야

잠 못 드는 밤
천장의 얼룩이
물고기처럼 번진다
에어컨을 틀까 선풍기를 틀까
고민했던 것이 무색하게
나는 한 조각도 잠들지 못하고
아열대의 해변처럼
더위가 일렁이는 머리는
물을 먹은 듯 한없이 무겁다
넘실대던 수면이 간신히 나를 덮치면
한숨처럼 잠에 잠겼다
나는 물속에서 바스라졌다

참여소감

   친구 따라 간 카페에 반해 쥐꼬리만 한 용돈을 죄 카페에 쓰던 고등학생이 자기 친구를 데려오고도 벌써 4년 손님이 되었습니다. 해가 갈수록 시간이 빨라진다던데 이보다 더 빠르면 사는 기분은 들지 모르겠어요. 아마 중학생 때 처음 썼던 시는 꺼낼 생각도 안 하면서 감히 고3 때 쓴 시를 왕창 내놨습니다. 한참 멀었던 시를 다시 잡아 좋았습니다.

   작년에 몰랐던 게 너무 아쉬워 이번엔 욕심을 부려봤어요. 농담처럼 얘기하던 술잔을 부딪치고 시를 보여주고 있으니 꼭 거기서는 말하는 대로 다 이뤄질 것만 같네요. 좋은 기회 놓치고 싶지 않았고 이왕이면 내내 붙잡고 싶어요. 이렇게.

김케장

최근 마이붐 : 히메히나의 다나까히메
최근 박사붐 : 대부분폭탄이지만
최근 틱틱붐 : 최근엔 안들었는데요

여기에 스탯을 넣으면 재미있겠다 싶음
마치 게임처럼? 만화처럼?
그러면 이 페이지를 펴본 사람이
으하하 이것은 마치 캐릭터 스테이터스처럼 쓰인 페이지
이것은 아주 재미있습니다 공격력 3000 특수능력 어쩌고저쩌고
으 하 하 와 하 하 하 우 꺄 꺄 꺄 라고 할 수 있었음
하지만 그 기회는 이제 물건너갔습니다
잘가-! 꼬부기-! 행복해야해-!

새로 태어난 힙합 빠삐용

아무 소리도 나지 않는다
아무 형태도 묘사되지 않는다

시는 힙합과 비슷하다고 생각해
그래서 이 시는 새로 태어났다

빠삐용은 나비랬는데
힙합 나비가 되어야 했는데

코끼리 상과 만나다

도모 코끼리=상
조각 코끼리는 울었다
뿌우
그리고 주변의 것들을 뿌우하게 만들기 시작했다
코끼리는 모든것이 뿌우해지면 뿌우를 멈출뿌우
뿌우 뿌우 뿌우
뿌우

그래도 세상은 넓고 코끼리는 작고 뿌우우가 아닌 것들도 많은 것
나는 이 코끼리 조각상이 가진 잠재력이 궁금해졌기 때문에
요즘은 매일 물속에 넣었다가 빼고 있는데요
여러분도 이 뿌우를 하루에 25분만 투자한다면
뿌요뿌요 한 시간 한 것과 똑같은 효과가 나타납니다
두 달 동안 뿌우를 했더니 조각상이 이렇게 완벽한 몸매를 가지게 되었습니다
그럼 뿌우의 세계로 들어가볼까요

번역에서는 복수의 표현이 빠지는 경우가 왕왕 있어서
가령 반지의 제왕이 그렇다
한국인은 예로부터 복수를 좋아하지 않았기 때문?

그런 편견도 오늘까지다
나 복수의 칼날 왕쒀오안이 너희에게 복수하러 왔다

조각 코끼리는 울었다
뿌우우
그렇게 주변의 것들을 뿌우우하게 만들기 시작했다
이제는 반지의 칼날도 도공 따자하오도 전부 뿌옇게 되어버리는 것뿐

태보(지금 전세계적으로 선풍적인 인기를 끌고있음)

그거
원래 킥복싱이라고 하는 거 아니야?

온두라스출신개도살자

시간이 없어요

당신이 시간을 잘 쓰지 않아서 그렇습니다
시간을 효율적으로 썼더라면

저는 시간을 쓴 적이 한번도 없는데요
저가…저가않그렛은…

시간을 쓴 적이 없으면 시간을 삼켜서 그런것
옛말에 달면 삼키고 쓰면 뱉는다고 했어요

하지만 쓰지 않다가 달다는 아닐진 大 28,000
그럼 시간에선 감칠맛이 나는 걸지도 몰라

나는 감칠맛을 아직 몰라
조금 더 기다려

그 맛은 미티한 것일까?

세상의거리가짧아졌다고

세상의거리가짧아졌다고함(내가안줄임)
하지만아직도?버스를오래타야함(내가안몰음)
난아무튼잘못한것이없음(참으로결백한것임)
위에는띄어쓰기가적었으므로아래에많이넣어두겠음(또한배려심이깊은 것임)
아직도　시외버스　가　많이　운행되고　저는
　　개인적으로　미국의　버스가　궁금하다　이런말을
하니까　마치　버스매니아같지만　난　버스를
좋아하진　않고요　특히　공기가　탁해서
　　싫어함　굳이고른　다면　지하철이　버스
　　보단　낫다고　생각　지하철은　지하에
있어서　공기가　탁하지　않나?　싶지만　버스
특유의　환기안되는　그것보다는　쾌적한　것
　　　같다

시6

(잊어버린 내용)
아무튼 사생아임
(잊어버린 내용)
다섯손가락 안에 들지도 못했음

이게 시6임
졸려서 떠올린 내용을 잊어버렸음
그래서 정직하게 잊어버렸다고 적었습니다

참여소감

시간이 촉박하여서 열심히 대충 쓰려고 노력했으나 아~ 너의시상 나의시상 울렁울렁 두근두근 쿵쿵

저는 개인적으로 흔적을 남겨두는것을 좋아하는 파
살아있었다는 흔적을 남기는것은? 고구려의 수박도 그 자체이고? 고구려의 고구려쯤 되는 시대에도 행하여져왔다. 아주본능적인? 그렇다면본능에충실한? 근데 제가 기억력이 요즘 좀 가물가물 해서리? 더 열심히 기록하고 있음. 기억력이 왜 가물가물한가? 나도 디지털 치매라는게 온것이 아닐까? 그렇게 생각하면서 디지털 메모장에 이런저런 내용을 기록하고 있는 점이 아이러버하죠?
만약 컴피타와 휴대전화의 기록이 삭제된다면? 내가 깜빡 잊어버리고 말 것이 좀 있겠지요? 여러분은 치매예방에 도움이 되는 뭘를 아무튼 하시기 바랍니다. 잘.

근데 소감 얘기를 쓰는 거였네요. 네 제가 이 시집에 참가하게 되어서 좋은 것 같고요. 김제동이 무한도전에서 말하길 '행복하지 않을 이유가 하나~도 없습니다' 이 시집에 참여해서 행복해졌다는건 아니고요 뭐 그냥 그랬다 그거고 그리고 또 무슨 말을 쓸 수 있을까요? 저도 될 수 있으면 많은 걸 적어넣고 싶지만 시간이 얼마 남지 않았습니다. 이 똑딱거리는 초침소리가 들리십니까?

이제 2019년이네요. 시간의 빠르기가 정말 오뉴월 제비족 말재간 같습니다. 실제로 있는 말인진 모르겠고 그냥 시집답게 그럴싸한 단어 아무거나 써봤습니다. 아무쪼록 새해에도 평안하시고 내년이면 2020년이고 이런 숫자는 저를 비롯한 피차 늙어가는 몸뚱이의 대부분에겐 꽤나 미래적으로 다가올거라고 생각하는데 요즘의 어린이들은 딱히 미래적인 숫자라고 생각하진 않겠죠? 이런 시간의 흐름이 신기하고 또한 두렵다 아니다 신기하진 않고 그냥 두렵기만 한것도 같음 나는 의도치않게 점점 구세대의 사람이 되고있고 뭐 그래도 항상 젊은 정신을 지니려고 노력하고 있습니다 유튜브에서 액체괴물 쪼물딱대는 영상도 종종 보고요 그리고 니네 서장하고 사우나도 가고 다했어임마

하평기

꿈이 있었던 남자, 지금도 그 꿈을 꾸는 남자.

e-메일 : gkvudrl@naver.com

빙구

빙구야 나밖에 모르는 빙구야
난 너가 세상에서 제일 부럽다
다시 태어나면 내가 빙구로 태어나고
빙구는 나로 태어나자
오래 살자 우리집 똥강아지

치매

보고 싶어도 안보이게 된다든 걸
듣고 싶어도 안들리게 된다는 걸
기억하고 싶어도 점점 기억이 없어진다는 걸
난 왜 그땐 몰랐을까
그렇게 답답해지면서 자신을 잊어가면서도
나는 끝까지 잊지 않고 사랑해주시던 우리 할아버지
죄송해요, 보고 싶어요

그럴줄은 몰랐다

그럴 줄은 몰랐다 우리 엄마가 할머니가 될 줄은 몰랐다
그럴 줄은 몰랐다 우리 아빠가 할아버지가 될 줄은 몰랐다
그럴 줄은 몰랐다 내가 30대가 될 줄은 몰랐다
그럴 줄은 몰랐다 내 동생이 조카를 나에게 데려올지는 몰랐다
그럴 줄은 몰랐다 지금 이 순간에도 우리 가족은 늙어간다는걸…
이제는 알 거 같다. 뭐든 끝이 있다는걸

엄마아빠

엄마아빠 왜 그렇게 미련하게 사셨나요
왜 저희만 보고 사셨나요
더 이상 저희 때문에 고생하지 마시고
행복하게 사세요
미안해요 고마워요 사랑해요

PC방

북적북적 참 학생들이 많다
말해주고 싶다. 공부 할수있을 때 하라고
10년 전 기억을 떠올려본다
북적북적 참 학생들이 많다
말해주고 싶다. 나에게 공부하라고
야속하다 시간은 절대 돌아 오지 않는다는 거…
참 야속하다…
오늘도 내일도 PC방은 북적북적…

사랑하는 여자

보고 있어도 보고 싶다.
내일 못 보니까 보고 싶다
보지 않아도 보고 싶다.
내일 볼 수 있어서 더 보고 싶다.
5년을 기다리게 했다.
5년을 보고 싶어만 했다.
결혼하자 말하고 싶다.

참여소감

  누구에게나 자신의 글이 책에 실린다거나, 혹은 내 이름이 뉴스에 나온다거나 하는 상상을 해보죠. 그 꿈을, 그 자그마한 꿈을 이루기 위해 도전했습니다

팔락

세상에서 집이 제일 좋고
꿈 배경도 집이며 게임마저 집 꾸미기를 하는,
일단 눕고 보는 사람

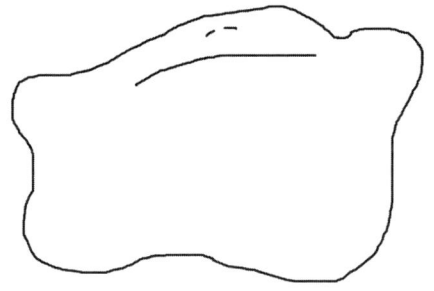

김치 컨스피러시

김치에 얽힌 숨겨진 진실, 알고 계십니까
매일 끼니마다 우리네 식탁에 올라오고
우리의 얼이라고 그렇게 불러대며
겨울철 연례행사로 여성의 손을 밝갛게 부르트게 만들어서 탄생하는
바로 그 김치말입니다

한국인은 왜 "빨리빨리"를 외칠까요?
왜 스트레스 받으면 매운 것을 먹을까요?
왜 그토록 김치를 수출하지 못해서 안달일까요?

여러분,
정부는 김치로 여러분을 교묘하게 조종하고 있습니다!
베리칩보다도 악질적인 수준의 세뇌와 조종입니다!

찬찬히 생각해 보십시오
어려서부터 그렇게 김치를 먹여대지 않았습니까?
아직 매운맛이 통각이라는 사실도 모르는 어린 것들을 앉혀놓고
울고 토하고 빌어도 식판 위의 벌건 김치를 싹싹 비우라고
모두 교육받지 않았습니까?

소금에 절인 배추의 영양 성분은 요즘처럼 먹을 것이 풍요로운 시대에 여러 가지로 채울 수 있는데,
그렇게 억지로 먹고 좋아하라고 강요하며 매 끼니 먹어야 한다는 강박까지 만들 필요가 무엇 때문이겠습니까?

한 가지만 먹어서는 질리니까
종류도 그렇게 수백 가지로 만들어둔 치밀함을
꿰뚫어 봐야 합니다, 여러분!

정부가 우리네 일상 속으로 파고들기 위해
그저 반찬일 뿐인 김치를 우리의 얼로, 식단으로, 법칙으로 규정하는,
간악하기 그지없는 수법을 썼다는 점이 두렵습니다

김치를 그렇게 먹여대서,
빨리빨리 내 몸 죽여가며 일하고
화병이 쌓여도 또 김치와 매운 것들을 먹는 행위로 스트레스를 풀게 하고,
나아가 우리 국민에게 한 짓을 또 이국의 동포에게까지 전파해서는,
세계를 김치로 통치하려는 야욕까지 있습니다!

그래서 저는 오늘,
바로 이 자리에서,
우리 모두의 자유로운 식생활과,

정신과,
삶을 위해,
김치를 규탄하고자 합니다

우리는 김치를 먹지 않을 권리가 있다!
우리는 김치 외의 삶을 보장받아야 한다!
우리는 김치가 싫다고 말할 자유가 있다!

침대에 누워있는 것이 하루 전부일 때

옷을 살 땐
내 몸보다 두어 치수 큰 것으로 산다

아직 한창 클 나이니까
지금밖에 못 입으면 아까우니까

내가 몸이 커져서
그 옷이 딱 맞을 때가 되면
이미 헤져서 구멍이 나거나
색이 바래거나
유행이 지나버려서
더는 입을 수가 없었다

어느 순간부터 나의 눈높이는 제자리걸음을 하는데도
여전히 큰 옷을 살 수밖에 없다

행간을 읽어

장자는 논리적 오류를 지적할 때
"오늘 출발하여 어제 월나라에 도착했다"
라는 표현을 쓴 적이 있다

이를 통해 알 수 있는 사실은
출발한 나라와 월나라 사이에 날짜 변경선이 있다는 것

한파

속옷 위에 내복 위에 반소매 셔츠 위에 긴소매 셔츠 위에 스웨터 위에 조끼 위에 코트를 입고 목도리를 두르며 털모자까지 썼건만 싸한 추위는 가시지 않아
이불을 있는 대로 끌어모아 열 겹을 둘러싸고 신문지를 찢어 뭉쳐 방을 꼭꼭 채웠는데
몸은 부드러워질 줄을 모르고 얼어붙잖아
손가락을 구부렸다간 깨질까 옴짝달싹 못 하고 있었지

저 밖에서 지켜보던 누군가, 운동하면 몸에 열이 오르고 따뜻해 진다며 나를 끌고 나가려고 어깨를 꽉 잡는데 내 몸은 꽝꽝 얼어 악력을 이기지 못해 부서져 버리고

떨어진 오른쪽 어깨가 현관문에 덩그러니 남아
썩어 사라질 때까지 내 추위는 가시지 않았어

펭귄 토마토 수프를 만드는 법

요즘처럼 추운 날씨에는 펭귄 토마토 수프가 딱이죠
자취생분들도 간단히 만들 수 있어요

먼저 큰 토마토를 깨끗하게 씻고 여덟 조각으로 잘라줍니다
자른 토마토를 전자레인지용 그릇에 넣고 올리브유 다섯 큰 술, 다진 마늘 티스푼 한 술, 소금과 후추 한 꼬집, 그리고 있다면 바질 가루나 잘게 썬 바질을 얹어주세요

토마토의 반쯤이 잠길 정도로 물을 부어주고
전자레인지에 3분쯤 돌려준 뒤
스푼으로 익은 토마토를 으깹니다

수프를 들고 컴퓨터 앞에 앉아서 후후 불어가며 배를 채우고,
남극보호 캠페인에 재룟값만큼 후원하면 됩니다.
펭귄도 저처럼 맛있는 밥 먹고 잘 살길 기원해주는 펭귄 토마토 수프 완성!

뫼비우스의 행성

빛이 열 밤쯤 자며 걸어간 우주 저 너머에
한 가지 행동만 되풀이하는 사람들이 있어

끝없이 사죄하는 사람
화내는 사람
교제를 신청하는 사람
누군가를 죽이는 사람
시계만 초조하게 바라보는 사람
일을 그만두는 사람
죽음을 앞둔 사람에게 사랑한다고 말하는 사람

말하지 못한 말로 이루어진 이 불쌍한 행성인들은
찰나와 억겁 사이를 맴돌기만 하고…

참여소감

'시 여섯 편이 뭐 그리 어렵겠어?'라고 생각했는데. 시가 쉽게 쓰여서 부끄러웠던 윤동주 시인의 천재성을 다시금 체감했습니다. 어렸을 땐 어떤 과목이든 곧잘 했는데 갈수록 한 가지만 잘하는 것도 힘들다고 느끼네요. 새로운 일을 시작할 땐 이전 사람의 작업물을 참고해야 눈치 있다고 칭찬받는 사회에서 살다가, 오롯하게 나만의 글을 쓰기 위해 잠시 머리를 비우니 참 오랜만에 내가 무슨 소리 하는지 곱씹어 볼 수 있었습니다.

조규식

1988년 서울 출생.
성균관대학교 독어독문학과 및 동대학원 졸.
디시인사이드 카툰연재갤러리 약 10년 하면서 리플만 달았음.
현재 회사원.

조오오오규식에게

눈 얹힌 반송
가지가 뚝 부러져
쩡 하는 소리

프란츠카프카

- MENU -

윌리엄 셰익스피어   4500원
볼프강 폰 괴테   4100원
토마스 만   3500원
프란츠 카프카   3000원
샤를 보들레르   2500원
테오도르 아도르노   2500원
미셸 푸코   1500원
칼 맑스   1500원
찰스 부코스키   1500원

30년 전보다도
물가만 더 올랐다
나는 돈이 없다

시 쓰는 나와 시

요청을 받았다
동서고금 달제어를 늘어놨다
고급스러운 발라드가 좋겠어

이게 좋군, 저게 좋군
이건 참고할만해
아 이건 내가 먼저 썼어야만 했는데

붓도 종이도 없건만
무슨 자신감에선지
일필휘지로 휘갈겨 내려간다

창백하나 우아한 옛사랑의 그림자

혼잡한 지하철 퇴근시간

지하철 긴 의자에 낑겨 앉아

사람들을 관찰한다

이건 너무 특색이 없나
지하철 얘기는 너무 흔한가
그래도 제목은 좋은 것 같다

사람들은 몰려 뭉텅이로 존재하고

제각기 동일한 위치에 시선을 고정하니

모두들 구별 불가한 개체들이다

이쯤에서 배운 티 내야지 않겠어
현대 사회의 문제점도 지적해야지
이제 포인트 하나 주고,

그러나

이 와중에 저 멀리서 아름다운 그녀

광채를 발하며 인사한다

이 순간만은 나는 가장 특별한 존재

만면에 미소 짓고 걸음을 재촉하여

그녀와 포옹한다

내 가슴팍에 그녀의

보드라운 젖가슴이 닿는다

아, 이런 표현
요즘은 쓰면 안 된다고 하지 않았나
지우는 게 낫겠다.

그녀와 포옹한다

군중 속에서 특별한 존재가 된 우리는

저들과 구별되어 존재하고

우리만의 안식처로 발걸음을 옮긴다

초고인데 이쯤이면 대충 만족스럽다
교정을 보면 되겠다

아니_
싸구려다
젠장.

중얼거림

나는너를사랑하
고너는나를사랑하
는데내길은먼기만하
다그래도넌나랑함께하
는것과긴기다림도가능하
다했다이말을곰곰이생각하
였다네게얼마나많은걸요구하
게될른지도모르는일인데결정하
는건좀더숙고해야한다는걸애기하
여야했다옛일을떠올린다자세히는하
지못할이야기들그저암시로넘겨야만하
는그런이야기들얼버무릴뿐인나는치사하
기짝이없는그런사내다지나간많은걸기억하
지만네게말할수는없어그저미소지으며미안하
다하는게전부다별일도아닌척아무렇지도않아하
면서궁금해하는너를앞에두고어색하게난웃는다하
하
하

밤비행

창이 국제공항에서 출국 수속을 마쳤다. 돌아갈 비행기를 기다린다. 적도의 밤은 여전히 길고 지루하였다. 잘 나가는 책 하나를 펼쳤지만 당연하게도 눈에는 안 들어온다. 아니나 다를까 연착이 알려져왔고 가볍게 욕지거리를 하였다. 외롭게 불 켜진 자판기에서 차음료 하나 들이킨다. 모두의 책이 엎어져있던 동안 탑승 준비가 다 되었고 나는 좀비들 사이에 녹아든 채로 초점 없이 제자리로 움직였다.

알아듣지 못하는 말이 지나가도록 흘리느라 난 준비가 덜 되어 있었다. 하지만 다들 빨리 목적지로 향하길 원하고 있었다. 원치 않아 기분 나쁘게, 하지만 묘하게 상쾌하게 공중으로 나는 날아올랐고 곧 명랑해졌다. 하지만 모두들 빠른 내일을 위해 잠들었고 곧 깜깜해졌고 눈치 빠른 나는 분위기를 읽었다.

눈 감기 전에 잠시 이리저리 돌아보다 비행기창 밖 이미 펼쳐진 수평선 끝에 점 하나를 보았다. 별인가? 아니다. 인공위성인가? 아니다. 캄캄한 바다 위 또 다른 여행객이었다. 길앞잡이 해주는 별빛도 없이 장애물을 비쳐주는 등대불도 없이 저들과 나는 막막한 남중국해를 날고 있었다. 실려가는 나와 실어가는 점은 그렇게 제각기 목적지를 향해 가고 있었다.

계속 보다 보니 점은 어느샌가 흐릿하게 명멸하고 있었고 이내 아득한 어둠 속으로 사라졌다. 나는 창문을 내리고 잠을 청했다. 꿈속에선 흐릿한 인상의 천사들이 텔레비전에 나와 우스꽝스러운 소리를 내는 나팔을 불고 있었고, 주정뱅이들과 안경 쓴 고상한 남자들은 이에 맞춰 춤을 추고 있었다. 난 꿈도 꾸지 않고 잘 잤다.

구더기 뇌
  - 보들레르에게

나는 머리가 터져
뇌수가 흘러내리는 몸뚱아리를 보고 있었다,
벌떼로 가득하고
달콤한 꿀이 흘러내리고 있었다.

오랫동안 이 경치를 나는
미소 지으며 만족스럽게 바라보고 있었다,
일격에 해치우진 못했지만
하나하나 떨어져 나가던 두개골 조각이 성공을 확신시켜주었다.

그 선명하던 표정도
썩어문드러져 가면서 더 이상 알아볼 수 없었다,
나는 뇌수와 꿀이 흘러내리던
그 장소에 꾸준히 방문했다.

이제는 꿀도 말랐고
벌도 모두 떠났다,
시체는 썩어 백골이 드러나고 있고
풍경과 하나 되어 가고 있다.

난 여전히 그곳을 찾는다.
그곳엔 내가 있다;
내 머리엔 파리떼로 가득하고
역겨운 구더기가 들끓다 못해 흘러내리고 있다.

참여소감

1. 두 번째 시는, 오규원 시인의 동명의 시에서 모티브를 따왔고 오마쥬 형식으로 지어보았습니다.
2. 마지막 시는 보들레르의 시 〈시체〉에서 모티브를 얻었습니다.
3. 독자 입장에선 네 얘기가 아니라 내 얘기여야 하는데, 전 내 얘기만 써댔으니 실패한 것 같다는 느낌이 듭니다.
4. 응원해준 여자친구께 깊은 감사의 인사를 보냅니다.

이정민

34세 이정민

할머니

명절날 시골집에 도착하면 굽은 등으로 "내 새끼"하고
마중 나오던 장면
내겐 그 모습이 할머니를 기억하는 가장 익숙한 방법이다.
그런데 오늘 요양병원에서 본 할머니는 내 기억을 지워버렸다.

소변통이 아래에 달린 침대가 있는 6인실 병동
바로 누울 힘이 없어 고개가 한쪽으로 기우는 바람에 창가를 바라보고 모로 누운 할머니,
뒷모습 앞에서 내 시선이 멈춰버렸다.

눈앞으로 가 얼굴을 들이밀고 인사를 드리니
손가락을 까딱까딱, 한다.
있는 힘을 다해서 아는 체를 하는 거라고, 요양사가 무심히도 말한다.
당신도 나처럼 무심하게 감정을 추스르라고 하듯.

피난통에 오남매를 기르고 울엄마를 시집살이 시킨 할머니
강하다 못해 이기적인 할머니를 생각하면 담담해야 하지만
다음은 장례식장이라고 생각하니 마음을 둘 데가 없다.

공기청정기

사라진다
청국장 냄새가
삼겹살 냄새가
담배 냄새가
사람 냄새가
추억이

교대역

교대역 2호선에서 3호선 갈아타는 길목 발 디딜 틈 없는 계단 새로
껌을 바닥에 늘어뜨려놓고 앉아 있는 코 없는 아주머니

조금만 구석에 있지,
거지 같은 사람들에 등 떠밀려 오늘도 돈 줄 시간이 없다.

노력도 안 하고 왜 동냥질이냐고 생각하면
하루는 맘 편히 지나가겠지만
코가 없어 그 사람이 받았을 멸시를 헤아리면 속이 상해 죽겠다.

어제는 어떤 새끼가 신고했는지 역무원이 와서는 아주머니 일어
날 때까지 기다린다.
나도 하기 싫어요, 주변을 의식한 표정과 함께

내일도 아주머니가 앉아 있어야 될 텐데.

노회찬

내가 머리털 나고 처음 배운 건 글짓기였다.
신문사에 취직해 십 년을 다니다 주부가 된 엄마는 영어도 수학도
아닌 글짓기 과외를 시켰다.
말 잘하고 글 잘 쓰는 사람이 돼야 한다고 늘 말하면서.

첫 과외 선생님은 아주 똑똑한 여자였는데
눈은 쫙 찢어져가지고 흐트러진 치열하며 젊은 나이에도
광대엔 검버섯은 시퍼레 가지고
아, 지금 이런 얘기를 하려던 게 아닌데 받아쓰기 틀렸다고 맞아
서럽게 울던 기억이 갑자기 떠오른다.
다섯살이 알면 얼마나 안다고.

그래도 조기 교육 덕분인지 동급생들보다 말을 잘해서
초중고 학급 반장을 매년 해먹은 나는
소질을 살려 작가나 기자, 아나운서가 되고 싶었다.
재수까지 했는데 대학을 잘 못가서 꿈은 접었지만.

나이를 먹고 사회에서 만난 말 잘하는 사람들은
주로 사기꾼이 많았다.
없는 것을 있다고 말하거나 있는 것은 더 부풀리기 좋아하며
어제를 昨日로 계층을 hierarchy로 말하는 이들.

고급진 어휘가 격식 있거나 높은 학식을 담보하지 않음에도 불구하고 굳이,
왕년에 웅변대회 나갔던 티를 내는 이들을 보면 본능적으로 거부감이 든다.

오히려 수준 높은 사람들이 말을 쉽게 한다.
쉽고 울림 있는 말을 하려고 날을 새가며 연설문을 고쳐쓰던 대통령이나
비유를 해가며 대중과 소통하는 정치인 노회찬, 나는 그렇게 말 잘하는 사람을 본 적이 없다.

뇌리에 때려 박히는 문장을 보면 희열을 느끼는데
대체 이런 문장을 어떻게 생각해낸 건지 일종의 경외심과 무력감을 동반하는 그런 감정,
거기다 그 속에 담긴 분노를 읽을 때면 더 없는 카타르시스가 온다.
만나지 않더라도 지구 어딘가에 살아있다는 것만으로도 위안을 받았는데, 그 언변이 무색하게 됐다.

정도의 차이만 있을 뿐 정치인의 근본은 결국 정치인이라고
말깨나 한다는 자들의 말은 다 자기를 높이는 말을 할 뿐이라는 데 나는 잘 동의할 수 없는 것이 그런 정치인들은 스스로 죽지 않기 때문이다.

옳은 말을 쉽게 하던 당신의 죽음을 마음 깊이 애도해 본다.

겨울밤

춥겠다.

차 밑에 길냥이
손난로 쬐는 과일가게 아저씨
담배 피우는 붕어빵 할아버지
폐지 줍는 할머니
지하철역 노숙인
순찰 도는 경비원
홀로 불 밝힌 전봇대 너까지

겨울은 연민의 계절

사려니숲길

여행 올 때마다 이유 없이 찾아오게 되는 숲길,
출입통제될 정도로 하얀 광경이 낯설다.

뭘 해야 할지 물으면 메아리처럼 답을 주던 너인데
춥고, 말이 없다.

섬이 다 눈에 덮여도 이 숲길만은 익숙한 기억처럼 쨍쨍할 줄 알았나보다.
사계절을 다 돌아봐야 안다는 건 그런 의미인가.

내가 뭘 하고 싶었는지 잊고 살았다.
원래는 글을 쓰고 싶었는데 이제는
"나는 AE다."로 시작하는 글을 쓰고 있다.

다시 쓸 수 없으니
따뜻한 봄을 기다려본다.

참여소감

지난해에 쓴 제 글들을 보니 분노로 가득 찼네요.
그런데 분노가 빠져나간 자리는 공허가 채우는군요.
이제 그 자리는 사랑으로 채우고 싶네요.

권미정

1999.10.15

별명: 권덕출, 초코 외 다수

지어주고 불러주신 분들을 좋아합니다.
해볼 일 없을 줄 알았던 기타를 치고, 어제는 노래를 불렀습니다.
마음에 안 들어도 든다고 해줬으면 좋겠습니다.
그냥저냥 흘러갈 줄 알았던 스무 살의 끝을
책에 기록할 수 있어서 기쁩니다.
행복하세요.

IDOL

시작은
아주 작은 사건

누구도 몰랐던 일
이만큼 좋아할 줄

안녕 누구야,
내 삶의 빛
바람
행복
사랑해!
내 작은 행성.

끝으로

더 이상 네가 궁금해지지 않을 때
그때

안녕

10월의 가운데에서

여름이 좋다 했다
나도 녹색이 많아 좋다 했다

가을이 싫다 했다
나도 먼지가 많이 날려 싫다 했다

겨울이 싫다 했다
나는 또, 눈이 질척거려 싫다 했다

그리고 봄이 좋다했다
나는 웃었다
나도 벚꽃이 예뻐 좋다 했다

스위트 바질을 들고
가을과 겨울의 중간에 서 있는 사람으로부터

행성 격추

너는 정말 나빴다

아무렇지 않게 나눴던 습관적 친절도
여름의 녹음에서 나눈 대화도
나 혼자 버려두고
빗소리에 묻힌

나의
마음

좋은 사람 만나자는 약속도
누군가를 만나게 되면 서로 축하해주자는 약속도
과거 속에 버려두고
결국 혼자 남아 입안으로 굴러들어간,

히터 소리에 묻힌,

마음
나의

네가 잘못한 게 없어서,
너는,
아직도 이 사실조차 모른단 그것 하나마저 잘못이 아니어서 너는,

너는
정말
나빴다

고양이

귀엽다
귀엽다

아무것도 안 해도
기지개만 켜도

왜옹왜옹
귀여워

애옹아
애옹 해봐

안 해도 귀엽다
젠장, 텍스트도 귀여워

아프지 말고
오래오래 살아

8월의 어느 날

내 인생
어느 해 여름,
기억 나는 것 하나,

매미소리 맴맴

그 때의 내 키보다 훨씬 크고 웅장해서
고개를 쭉 빼고 올려다 봐야 했던 나무,
잠자리채를 흔들다 놓친 매미들,
눈 뜨면 옆에 있던 친구들

이제 더는 만나지도 즐겁지도 않지만

잘 지내
여전히 싱그러운 나의 8월

2018/12/05 P.M. 10:34

빙글빙글
무얼 하나

영상 찍고, 기타 치고, 글을 쓰고,
무엇 하나 예상하지 않았던 것들

빙글빙글

십 년 후에는 무얼 하고 있으려나
아니
당장 오 분 후 일도 모르는데

아

술 먹자고 연락 왔다

참여소감

메일을 받고 얼떨떨했습니다. 시를 다시 읽어보니 부끄럽지만 그래도 기분은 좋네요. 작가가 된 기분입니다.

어제 메일을 받고 시를 쓸 때 같이 고민해준 풍광씨와 하이파이브를 했습니다. 노래도 그분과 불렀습니다. 한 게 많네요.

이 시들을 썼던 스무 살의 저는 선을 잘 지키는 사람이 되고 싶었는데 마음대로 됐었나 잘 모르겠습니다. 하여튼 시를 쓸 수 있어서 영광이었습니다.

시를 쓰다 막힐 때 심규선의 노래를 많이 들었습니다. 다들 규님 노래 많이 들어주세요. 너무 좋아요.

하여튼 제가 좋아하는 사람들의 날들이 다정했으면 좋겠습니다.

행복하세요.

조용완

기왕 책임질 일이라면 내가 하고픈 일을 한 후 책임을 지겠다는 마음으로
제트 스트림 …… 말고 한컴 오피스로 한 땀 한 땀 시를 썼습니다.

좋아하는 것
게임 보이 color
요리왕 비룡(중화일미)
하스스톤
이토 준지
성주연
쥘 베른
영화 〈그랜드 부다페스트 호텔〉
그리고 ToTo의 〈Africa〉
부엉이 가방

싫어하는 것
러시아어
제트 스트림
나랑 이야기할 때 폰 보는 사람
인생을 날로 먹으려는 사람
남들이 하는 이야기만 하는 사람

하루용돈 200원

내 용돈이 200원 일 때
TV 28번 29번, 투니버스와 재능 TV에서는
〈탑 블레이드〉와 〈축구왕 숫돌이〉, 〈요리킹 조리킹〉,
〈스피드 번개왕〉을 보여줬다.

합기도를 마치면 오후 5시
형제 문방구 앞에서 아이들이 놀고 있었다.
루브루 미술학원에 같이다니는 도아,
도아네 오빠 재구형,
간판집 딸 혜지,
삼원빌라 사는 민정이가 놀고 있었다.
100원짜리 길거리 오락기엔 〈킹오브 파이터〉,
〈동물철권〉, 〈야구킹〉
혹은 이름 모를 닌자게임이 있었고,
누군가가 하면 우리는 모여서 구경을 하곤 했다.

여름엔 모기차가 지나가고,
우리들은 막 쫓아갔다.
댄디시로 편을 갈라서 얼음땡이나,
플라스틱 공기놀이도 하고,

학종이 치기도 했다.
배가 고프면 100원짜리 아폴로와 모롤 쿠키,
짱초코 쿠키스틱이나, 오이쉬를 사 먹었고,

스탬프 사탕과 500원짜리 새콤한 맛이 나는 과일향 스프레이는
너무 비싸서 누군가 사면
쫓아다니며 한입만. 한입만.
그러곤 했다.
그러면 그 아이는
"니 무슨 형인데? 나는 A형! 나는 B형인데…"
혈액형이 달라 침이 섞이면 에이즈에 걸린다며 혼자 먹었다.

슈퍼황금 왕딱지를 뽑으려고 100원짜리 딱지를 마구 사고,
30장에 1000원 하는 가짜 〈유희왕〉 카드를 가지고 놀기도 하고,
〈메이플 스토리〉 띠부띠부 씰 스티커를 모으거나 바꾸기도 했다.
5분만 더, 10분만 더… 이렇게 해가 질 때 까지 놀았다.

집에 가면 '기탄수학'이나 '아이템풀', '구몬한자'를 해야 했는데
그때도 공부하긴 싫었다

라면 조리 방법

#include 〈가스렌지〉

가스벨브(HIGH);

const int 양은냄비=1번 화구

const int 젓가락=밥상

void setup(){

pinMode(라면봉지, open);pinMode(양은냄비, 물, 550ml);

스프 봉지(분말 스프, OPEN);

스프 봉지(후레이크, OPEN);

양은냄비.attach(1번 화구);

}

void loop(){

가스 불(중불, HIGH);

delay(5 min);

if(물 온도)=100)

{

    면을 투입();

}

else

```
        {
                while(물 온도 <=100)
                {
                delay(1 min);
                }
        }
        delay(3 min);
        가스 불(중불,LOW);
        양은냄비.write(밥상);
        젓가락.ready(밥상);
        가스 벨브(LOW);
        }
```

시가 뭔데?

시…시…
시…
시…
시시시를 뿌리고…
콸콸 물을 주었죠…
하룻밤 이틀 밤 시시시…
뽀드득 뽀드득 뽀드득…
싹이 났어요…

그들만의 리그

사)코끼리 미술협회 케냐 지부
제16회 코끼리 코 미술 대전
제3회 코끼리 미술 협회원 정기 전시회
제5회 코끼리 어린이 미술 대전
세렝게티 예술의 전당에는 아무도 없다.
코끼리도, 홍학도, 악어도 안 온다.

구경하는 사람 보다 작품 수가 많다.
상 받는 사람 보다 상 수가 많다.
현장 수령보다 택배 배송이 더 많다

스마트폰이 있어서 다행이야

왜 그럴 때 있잖아
가끔 이야기 중간에 어색한 침묵이 흐를 때

난 그럴 때 스마트폰이 있는 게 참 다행이야

말을 이어나가야 한다는 부담감과
앞에 있는 사람을 지루하지 않게 해야 한다는 압박감에서
벗어날 수 있거든

난 나와 이야기를 나눌 때 핸드폰을 보는 사람이 좋아

그래도 게임은 좀 꺼줄래?

미네르바의 부엉이는 해질녘에 날개를 편다

미의 기준은 시대가 변함에 따라 변해왔다.
고대에는 염원과 이상적 아름다움이,
중세에는 유일신에 대한 사랑과 동경이,
르네상스를 맞으면서는 인간에 대한 찬양으로 옮겨갔으며
근대에 들어서는 현실과 닮으려는 노력에 녹아들어
추함 역시 아름다움의 기준안에 편입되게 되었다
이후로 현대 미술에서는 근대 미술 위에 덧씌워진 추함과 아름다움의 모호함을 근거로
세상을 나눈 이분법적 사고에 대한 반항이 시작되었다.

부엉이는 예 로부터 지식과 지혜의 상징이었다.
미네르바가 사랑한 새였으며,
문학에서는 숲속 대현자로 표현되기도 한다.
모두가 잠든 밤에도 깨어 세상을 바라볼 줄 알며
앞날을 예측하는 예지로서의 지혜가 아니라
과거를 돌아보고 성찰할 줄 아는 성찰의 지혜로 존재한다.
동양에서 역시 부엉이는 다양한 의미를 담고 있다.
아이누 족은 사냥의 신으로 넘기기도 했으며,
한국에서도 고양이 머리를 닮은 매,
묘두응猫頭鷹으로 불리기도 했다.

또한 장수의 상징으로 사용되기도 했으니,
이는 오랜 세월을 관조하며 느낀 노인의 지혜에 비견됨이라.

그러니까 여보, 이 부엉이 가방 사면 안돼?

참여 소감

예전에 고등학교 때였나? 문예 창작 영재원을 수료했다는 이유만으로 교지에 실을 시를 써 내라는 국어선생님의 말에 얼척이 없었던 적이 있었습니다. 저는 소설 창작반 이었는데…….

그때도 정말 똥줄 타면서 썼는데, 추억 보정 탓인지 또 쓰겠다고 덤벼들었네요. C를 쓰는 게 너무 어려워서 시 언어를 조금 배워보았습니다만, 이게 무슨 의미가 있었나. 내년에는 시언어 말고 러시아어도 배워야 할 텐데 큰일입니다.

책 표지부터 냄비가 그려진 이 책에 저의 시를 여러분께 권하려 합니다. 아니 묶어놓고 읽히려 합니다.

그리고 이건 비밀인데요, 제가 바로 코끼리입니다.

민혜련

네일아트, 예쁜 것, 맛있는 것, 그리고 코끼리.

그래서 시는 좀 썼어?

아니 있잖아 그게 말이야
요즘 날씨가 무척 더웠잖아
맨다리가 따끔따끔할 정도로 뜨거워서
몹시 서둘렀단 말이야 그런데
마지막 빨간불 하얀 선 앞에
난데없이 오징어가 있지 뭐야
아스팔트에 긴 다리들이 엉켜 붙어
달아나지도 치워지지도 못한 채
연신 부채질하며 핸드폰만 보는
잔뜩 찌푸린 사람들 시선 끝자락에도
걸리지 못하고 말라버린 채
파란불이 되면 곧 지나쳐갈
사람들 앞에 그렇게 초라하게
점점 아스팔트처럼 검게
몸을 숨기고 있었단 말이야

꿈

죽어있는
나를 데리고
여행을 간다.

낯선 공원의
풀밭에 눕히고
아무렇게나
곁에 누웠다가
시원하고 눈부신
하루를 골라
혼자 돌아오는
묘한 일이다.

나는 너를

새벽 세 시라고 부른다
따끈한 소파에 눌러앉았다가
그대로 식어버리는 시간
굳어버린 입이 떨어지지 않아
시들고 말라 바스락 부서지는
길을 걸어왔다고
기울어가는 시간을 사랑했다고
열어둔 베란다 창문으로
새벽 세 시의 향기가 나면
너에게도 전해질까

달아나요, 당신

세상 모든 밤, 그중에 당신의 밤은
겨울인 채로 끝났으면 좋겠어요.
그 차가운 시간 속에 머물렀다가
새벽안개처럼 숨 쉬어도 될까요.
내내 걷던 길 끝에 일렁이는 꿈처럼
홀로 사라진 겨울 속에 남는데도
온기가 그립지 않은 마음으로
사실은 그 계절을 좋아했어요.

사념

비우는 것보다 채우는 게 쉬워서
퍼내는 대신 들이부으면 혹여
흘러넘칠까 싶었지만
밀려 나가기는커녕
들이킨 것들 한데 뒤섞여
폭풍우처럼 퍼붓다가
메아리처럼 귓가에 떠돌아
이명으로 남아있어

버려도 버려지지가 않고
잠이 오지 않아서 아니
사실은 잠에 들 수 없어서
끈질기게 들러붙는
시간의 연속이 지겨워
악문 이로 버틴 밤 밝아져 올 땐
시곗바늘을 거꾸로 돌리곤 했어

그때의 나는 떨어진 별처럼

착륙이 두렵지 않은 너에게
행복이고 싶은 내가 말을 건네
돌아오지 않는 여행을 간다면
아무개 중의 한 명으로
마주할 수 있을까 내 마음
다가오는 매 순간이 처음이라
서투른 두려움에 부르르 떨며
방황과 반항으로 가득할지라도
영원 같은 포옹으로 나를 안아줘
시간과 순간 사이에 나를 품어줘
추락이 늘 무서웠던 나에게
사랑이라고 너는 마음을 전해
실수 같은 어제가 다시 온대도
태연한 척 웃을 수 있을까
나의 진심 마치 거짓 같아도
상처투성이 내일을 살 테니
눈물로 가려진 흉터를 매만져
별자리처럼 나를 새겨줘

참여소감

시를 쓰면서 온전히 나에 대해 생각하고 느낄 수 있는 시간을 가진 것 같습니다. 이런 특별한 경험을 하게 해주어서 고맙고 즐거웠습니다. 세상에, 내가 쓴 글이 책에 실리다니. 부끄럽지만 기쁘네요. 지금 보고 계신 당신의 행복한 순간들이 더 많아지기를 바랍니다.

노은정

대한민국 인천에서 남편과 아이들과 추억을 만들며 살고 있습니다
언제나 긍정을 잃지 않고 모두가 행복하게 살길 바라고
세계평화가 꿈입니다

앎

향기를 상상하며
미소를 상상하며
지나가는 바람에게 의미를 부여하고

잔잔히 떠오르는 낙엽을 보며
차가워진 공기에 뺨을 만지고
바람이라고 바람이라고
머릿결 한번 스쳐주는 바람이라고
멈춰 선 발걸음에 속삭여주네

석양

잘 말려지면 맑고 투명한 자태를 뽐내지
너무 늦지 않는 시기에 무더위가 가실 때쯤
그렇게 오도 가도 못하는 날씨를 가졌을 때쯤

아주 예쁜 색으로 옷을 갈아입지
투명할 듯 투명하지 않고 부서질 듯 부서지지 않는
그 담담함과 향기

코끝 당기는 향기가 공기 중 바람을 타고 나에게 오고
지나가던 사람에게도 가는 구나
그렇게 너는 덤덤하게 예쁘게도 말라가는구나…

데칼코마니

그림자는 당신과 똑같은 모습이지만
말도 할 수 없고 당신을 헤칠 수도 없어요
늘 당신과 붙어서 당신만 바라보고 있죠

그림자는 그 이유가 없어요
당연한 거죠
세상은 이렇게 당연한 게 너무 많아요
의미를 부여하기엔 너무나 단순한 거죠

빵슈

발끝에 놓인 선이 하나 있어
없었던 건데 생겨서 두리번거렸지

몇 걸음

더 걸어가서 너를 만났어
몽실몽실 솜 나라로 안내해줄 것 같은
커다란 바구니 하나 들고 있었지

그 안에 오색빛깔들이 숨죽이고 있었어
그러다 너를 물들이고 나를 물들이지

부드러워 푹 꺼질 것 같고
가벼워서 흩어질 것 같은 너를
한참 동안 바라보고 있었어

빛을 받아 나를 가리고
너를 숨기지만
나는 항상 너를 볼 수 있고
너도 항상 나를 볼 수 있어

그렇게 너를 좋아한다고
꼭 말해주고 싶었어

아무도 모른다

고요해서 한 번 더 쳐다보았어
잔잔한 모습에 별일이 아니나 싶었어

달빛이 바다를 채워서 얼굴이 환했지
몹시도 추웠던 바람에 코 끝이 빨갰어

낙엽도 사라지고 거리가 깨끗해

왠지 모르게 공허해지는 마음은 뭘까
텅 빈 거리가 꼭 내 맘 같아
눈을 돌려 바다만 보았어
멀어지는 달빛이 서글퍼져
그냥 눈을 감았어

이게 다 꿈이길 기도해

안녕, 내 인생

넝쿨진 나무 위에
베개 하나 이불 하나 올리고

붉게 타오르는 꽃이
온몸을 감싸 안으면

돌아올 일 없는
세상 가는 길

아름답기를 기도한다

참여소감

저는 시를 좋아합니다 하지만 시집을 보는 것보다 쓰는 것을 더 좋아합니다 항상 시집을 내는 것이 소원이라고 중얼거리곤 했는데 어쩌다 보니 좋은 권유로 이렇게 시를 쓰게 되어서 참 좋습니다 사실 잘 쓰진 못해도 끄적거리는 것만으로도 힐링이 되었던 게 사실입니다.

아무에게도 말하지 않고 반년 동안 시를 쓰면서 하늘을 보아도 땅을 보아도 지나가는 차만 보아도 시상이 떠올랐습니다 하지만 표현하기에 벅찰 정도로 시를 쓰는것은 정말 쉬운 것은 아니었습니다 그래도 시는 모든 것을 운율적으로 표현할 수 있는 힘을 가졌습니다.

그 힘에 매력을 느낀 한 사람으로서 작업에 참여한 모든 사람들과 한 책 속에 실린다는 것만으로 저는 기쁘고 즐겁습니다. 감사합니다. 그리고 고마워 런.

이미란

이 씨 집안 귀한 딸, 오빠에겐 하나뿐인 동생, 귀여운 서아의 엄마,
사랑하는 남편에게 종종 맛없는 실패작을 먹이는 아내,
회사는 싫어하면서도 출근은 꼬박꼬박 하는 회사원,
치맥을 사랑하는 여자, 이쁨 받는 며느리,
의리와 유머가 있는 친구(하지만 전 가끔 웃으며 독설을 하곤 하죠),
동물을 사랑하는 사람(그중에도 멍멍이들이 제일 좋아요),
마카롱이 좋아요, 낙서를 즐겨 합니다

자기소개라고 해서 나를 설명할 수 있는 것들을 나열해 두었어요
생각보다 많아서 스스로도 놀랐네요…….
나이는 매년 늘어나는 것이고 글도 길어지고 있으니
이만 줄이렵니다.

서아 발*

연시같이 말캉
따뜻하고 행복해
보들보들 귀여워

살금살금 콩콩콩
아장아장 후다닥
뽀오얀 백도 같은
요게 뭐게?

그건 바로~ 아가발!

---

* 서아는 필자의 딸이다. 참고로 고슴도치도 제 새끼는 함함하다고 한다.

렉스*

렉스는 따뜻하고

부드럽고

냄새난다.

---
* 렉스는 필자의 강아지다.

내 늙은 아기에게

해님이 방긋 웃고
시샘 많은 바람 불어올 때
옹기종기 모여 노는 벚꽃 때문에
하릴없이 설레던 봄

아가야 솜털 마냥 부드럽고
작은 몸뚱이에 사랑스러움을
가득가득 뭉쳐 만든 그런 것이
집구석에 옹송그리고 자고 있더라

엄마랑 떨어진 것이 얼마나
서러운지 밤마다 우는 너 때문에
내가 얼마나 마음이 아팠는지
너는 모르겠지

더는 엄마를 찾으며 울지 않고
어쩌면 이젠 엄마보담 나를 더 좋아하는
38도씨의 따듯한 애정덩어리

네 짧은 다리가 더는 길어지지 않고

머루같이 까만 코랑 허리만 길어졌는데
사람들이 널 보고 어른이라더라?
아니아니 너는 내 아기야

초롱초롱 촉촉한 맑은 눈에
축축한 코랑 펄럭이는 큰 귀
웃으면 하트모양이 되는 혀
꼬시름한 발냄새까지 사랑스런 너

네 짧은 다리는 여전히 길어지지 않고
턱 밑에 총총히 흰 털 몇 가닥이 났는데
사람들이 널 보고 늙은이라더라?
아니아니 너는 내 아기야

네 시간이 다 해서
나보담 먼저 간다고 해도
나에겐 늘 아기인 너
사랑해 나의 늙은 강아지

고마워 너를 만나서 정말 행복해

포도

까맣고 동그란 구슬 안에
알알이 달콤하고 향긋한 것이

그 말캉한 것에도 단단하고
고집스런 것이 자리를 잡아서

너를 먹이려거든 수고스럽게도
발라내야 하는 것이 있더라

동상처럼 우두커니 앉아서
하릴없이 씨를 빼내어 주고나면

도닥도닥 잠재우는 손가락 끝에도
내 몫인 양 달큰한 냄새가 밴다

부재 不在

너를 사랑해
순애보는 원래 슬프다는데

너는 내 세상의 전부라서
사랑하지 않을 수 없었어

삶조차 바치고 싶은 너라서
원망은 않지만 다만
기다리고 있어

딱지

아스팔트 마냥 거칠고 검은 것이
약한 내 살을 덮었다

투박하고 곱지 못한 것이
빨갛고 여린 속살을 가려서

단단하고 고집 쎄 보이는 고것이
아프지 말아라 빨리 나아라
곱게 어루만진 속살이 나아갈 즘

나는 또 참지 못하고 그 고마운 것을
뜯어내어 기어코 빨간 것을 보고야 마는지

다시금 쓰라린 통증과 피를 보며
오늘도 후회를 했다지
상처를 후벼서 흉터로 남겼다지

참여소감

먼저 이 특별한 경험을 추천한 대학 선배이자 내가 제일 좋아하는 언니에게 감사를 전합니다. 그리고 제 시를 읽은 분들에게 '미안합니다.' 좀 형편없었지요.

감사와 사과를 마쳤으니 소감도 몇 자 적어보렵니다

비루한 글 솜씨로도 재미있겠다며 시작한 시 짓기는 저에게 창작의 고통과 초조함을 맛보게 했으며, 내 안에 약 1g만큼 존재하고 있으나 잊고 있던 감수성이라는 것을 확인하는 계기가 되었습니다.

이를테면 걷고, 뛰기 시작한 딸아이의 발소리 같은 작고 행복한 마음, 열심히 씨를 뺀 포도를 아가입에 모두 넣어주고는 잠재우는 손끝에 남은 달콤한 포도향 같은 것을 시로 적어 사소하지만 특별한 기억으로 남기게 되었다던가…… 영원히 사랑하고 기억할 내 늙은 강아지에게 편지를 쓴 것도 모두 고마운 추억이 되리라 생각합니다.

최재선

새벽 두 시에 7080 노래에 취해 잠에 드는 21세 소녀입니다.
다른 이들은 저를 보며 '아재 감성'을 가졌다고 말하곤 합니다.
그래도 저는 아재 감성을 지닌 내가 좋습니다.

사계절을 스무 번 떠나보내는 동안
현실에 적응하기 위해 고군분투했으나,
결코 쉬운 일이 아니라는 것을 깨닫는 요즘입니다.

이런 저에게 작은 바람이 생겼습니다.
짧은 순간이라도 사람들에게
따뜻한 추억으로 기억되는 사람이 되고 싶습니다.
그리고,
죽는 순간까지 시詩를 그리고 싶습니다.

가끔은 그래도 좋다

파란 우주와 눈맞춤을 할 때면
내 숨을 조여오는 무게로부터
곧 자유로워지곤 한다
그래서 나는 가끔
앞이 아닌 위를 본다
투박한 시멘트 벽돌보다는
저 깨끗한 얼음 알갱이들의 속삭임이
좋아서일까

낡은 건물의 옥상 위에
하얀 셔츠의 사내 두 명이 앉아있다
그들은 온몸으로
바람과 대화를 나누는 듯하다
그들이 무슨 사정으로
저 위에 올라갔는지는 모른다
그러나,
그들은 지구의 중력을 이겼다
그리고,
가끔은 그래도 좋다

두 사내 옆에서
알짱거리던 아기 구름은
자기 몸집보다 더 큰 친구들을
몰고 온다
그리곤 빛의 질주를 가로막아
그들만의 음지를 만든다
그러면 그 속에는 어느새,
나도 누워 있다

가끔은 땅이 아닌 구름에
누워도 좋다
가끔은,
가끔은 그래도 좋다.

몽상夢想

날개가 없는 이 몸은
그들의 날개를 시샘한다
무지개를 그리며 우는 저 날갯짓이
내 이마를 날카롭게 긁어낸다
그 피로 하여금
날개를 가질 수만 있다면,
내 기꺼이 모든 이마를 내어주리

슬픈 경계

어릴 적부터 자주 다니던 길에
언제부터인가 웬 커다란,
감히 닿을 수 없는 높이의
'벽'이 생겼다
그 시끄러운 벽은
하늘의 숨결을 그나마
만질 수 있었던
비밀의 통로를
말끔히 짓밟아버렸다

그 속내를 알 수 없는
벽의 결을 따라 걷다 보면
내 오른쪽 뺨에는 어느새
차가운 연기가 걸터앉아,
이 몸을
혼란스럽게 할 뿐이다

저 거대한 경계는
내가 사랑하는 이 공간을,
공기를
두 개의 시간으로 나누어버렸다
내 어린 시절의 시큼한 추억은
저 벽을 따라 흩어진다
그리고,
굉음 속으로 그 영혼을 감춘다
나는 묻고 싶다
과연 저 차가운 벽을
사랑할 수 있는 날이 올까

오늘은
눈꺼풀이 무거운 하루다.

흑백사진

우리가 사랑을 속삭였던
시간의 색깔은
빛과 그림자의 만남 속에서
더 선명하고 아프고, 아름다운 것임을.

여백 餘白

너의 그림자가
내 곁에 머무르고 있을 땐
알지 못했다
너의 무게를

너의 그림자가 떠나고 나니
이제서야 알 것 같다
나를 잔잔히 지탱하고 있던
너의 그리운 무게를

너가 떠난 후
마음 속 깊은 곳에 생긴 구멍은
메워지지 않는다
그러나, 다른 그림자로
채우지도 않을 것이다

나는 이 구멍을 영원히
황홀한 여백으로 남기고 싶다
이것이 내가 너를,
우리의 그림자가 함께했던 계절을
기억하는 방법이기에.

안녕, 가을

나는 가을을 사랑하지 않았다
목이 타는 기다림에 비하여
허무하게 끝나버리는,
어쩌면 계절보다는
순간이라는 말을 더
기대했을 지도 모르는 가을을.

올 가을 아무도 알려주지 않은
인생의 가르침을 배웠다
계절은 사람을 기다려주지 않는다는 것,
그렇게 우리는 계절 속에서 선명해지고 희미해져 간다는 것

이제는 가을을 사랑해보려 한다
짧은 순간 속에서도
너와 나, 그리고 우주는
뜨거운 빛을 내고 있기에,
다시는 돌아오지 않을 이 시간을
사랑해보려 한다

안녕,
가을.

참여소감

저는 말하는 것보다는 글로 표현하는 것을 더 애정합니다. 글을 쓸 때 더 '나'다워진다고 해야 할까요? 제가 쓴 글들을 보면 나의 존재가 글자 하나하나에 온전히 묻어나 있는 것 같아 애틋합니다. 그리고 시를 쓸 때면, 어딘가 모르게 간질간질한 느낌이 참 기분 좋습니다. 그 간질간질함 덕분에 제가 시를 읽고, 더 나아가 시를 쓰기까지 이르게 되었습니다.

파릇파릇한 고등학생 시절, 설레는 마음으로 만들었던 버킷리스트가 있습니다. 그 중 스무 번째가 '시집 발간하기'였죠. 실제로 이루어질 지는 모르고 마냥 순수한 마음으로 썼던 버킷리스트지만, 꿈꾸는 사람에게는 언젠가 그 꿈을 이룰 기회가 온다는 것을 요즘 절실히 느낍니다. 아직 갈 길이 멀지만, 첫발을 디뎠다는 것만으로도 행복합니다. 앞으로 나에게 일어날 일들이 기대됩니다. 요 며칠간 밤잠을 설칠 것 같네요.

마지막으로, 제가 사랑하는 사람들에게 6편의 시를 바칩니다.

김에스더

나는 신춘문예에서 떨어졌다.
어릴 적 나의 은사님이 아동문학가이셨다.
그녀에게 나는 따뜻함을 배웠다.
하지만 또 다른 문학가인 고등학교 선생님이 계셨다.
그에게는 나는 차별이라는 것을 배우고
문학과 학문의 길과 이별여행을 떠났다.
10년 전 나는 다시 나를 찾는 여행을 떠났다.
나는 사랑스러운 아이를 낳고, 귀한 아이들을 만나며,
아이들의 놀이 속에서 그들을 만난다.
아이들의 순수함, 글 쓰는 이의 순수함이 같음을
조금씩 알게 되었다.
나의 글 속엔 내가 있고, 아이들의 놀이 속엔 아이들이 있다.

가루비가 내린다

가루비가 내린다.
저 창밖으로 삶보다 더 단 꿀 비가 내린다.
못내 기다렸던 비가 이토록 멋들어지게 소복이 내리는구나

삶이 너무 빠르게 흘러내려
기억할 수 없을 정도로 지나가버린 세월이
정작 마음에 쉼이 없을 때
불연 걸레질 후 멋들어지지 않게 누웠는데
내 마음속에도 빗소리가 들린다

눈을 지긋이 감고 지난날을 흘려보니
힘겨운 일들이 코에, 눈썹에, 입으로 삶이 흐른다

빗소리를 들을 여유조차 없는 내 마음이 무거워
속눈썹 사이로 가루비가 흐른다

코에 까만 먼지가 묻어날 정도로
숨 쉬지 못해 말라비틀어진 잡초인 것을

땅속에 깊숙이 박힌 잡초의 뿌리는 이렇게 비가 흐르기를
고대苦待했는가보다

어린 시절 하늘이 보이는 창 앞에 누워
흐르는 구름과, 흐르는 바람과, 흐르는 해줄기와
흐르는 비를 코와 눈썹으로 입으로 함께 하였던 평심平心이

지금 흐트러진 내 머리 위로 흐르는구나

고단한 삶이
고마운 휴식을 지나치게 만들고
고단한 생이
고단한 한숨이 되어 아주 오래 전前의 비였다

오늘이 가고
내일이 되면 잊혀진 기억처럼 지금의 흐르는 가루비가
코에 묻은 먼지처럼 쓰윽 닦일지도 몰라
가슴이 뛴다

벚꽃과 다솜

하동 벚꽃길에 차가 달팽이 노량처럼 간다
시간이 아주 많이 지나가지만
난 차창 사이로 떨어지는
벚꽃 잎에 활짝 미소를 짓는다

"우와~ 예쁘다~"
입을 만개해 나도 모르게 수없이 "예쁘다~ 예쁘다~"
내 마음이 예뻐졌나 보다

경부고속도로 서울 진입로에 벚꽃잎이 솜사탕처럼 가득 폈다
입을 만개해 또 다시 나도 모르게 수 없이 "예쁘다~ 예쁘다~"
내 마음이 분홍으로 바뀌었다 보다

길을 걷다 아주 작은 꽃들이 보인다
치마를 접어 쭈그려 앉아 말없이 쳐다보며 작은 꽃을 들여다본다
"예쁘다~ 예쁘다~"
내 마음에 작은 꽃이 폈나보다

난 누군가에게 다솜 할 준비를 한다

꿈

나는 오늘도 꿈을 꾼다
어둑한 밤길을 안개가 자욱하고
불 빛 하나 없는 그 길을 더듬더듬 혼자서 걷는다

물안개가 피고
안개를 걷어
그 길을 걸을 때

저만치 보이는
빛 하나가 너무 멀게만 느껴진다

잡을 수가 없구나
호수가 둘러 있어
그 길을 둘러가기엔 너무 멀구나

내 짐을 그에게 나누기엔 너무 무겁고
가시가 돋아 나 혼자 짊어지고 갔다

피가 나고 아파서
도와달라고 이야기하고 싶지만

그러기엔 미안해서 혼자 짊어졌더니
너무 아파 그 꿈길 속에
주저앉아 울었다

잠시 쉬었다 일어선 나는
뿌연 안개 속에서
사라진 그대를 찾고
호수 속에 아픈 짐을 던지고
멍하니 뿌연 호수만 쳐다보는구나

꿈이었구나
꿈

보고 싶어 그리움으로 꿈길을 헤매면
다시 나는 아침을 맞이한다

시간이 지나고
그 꿈길을 매일 헤매면 눈을 감고도 그냥 지나갈 것이다
이 눈물이 그대를 보고파서 흐른다면 시간이 지나고 자국만 남을
것이다

인생의 방

이제 인생을 반¥ 정도 살았어
내가 20년을 정처 없이 헤맸다면
지금부터는 내가 하고 싶은 일들로
행복을 느끼며 살기를 바라

나의 인생이 네 개의 방이 있다면
한 개의 방은 불도 없이 방문을 찾아야 했어

방을 열고 들어간 건 나의 선택이지만
그 방에서 좌절이란 어둠을 만나고
좌절은 그토록 날 나갈 수 없게 만들었어

다른 방의 가녀린 빛줄기가 오랜 시간 동안 날 기다리고
그 문을 열고 나가는 순간까지
20년이란 시간이 걸렸어

그 방에서 난 희망이란 씨앗을 안고
세 번째 방에 들어갔어

세 번째 방을 선택하고 무엇이 이루어질지가 아닌

내가 세 번째 방을 꾸미는 일만 남았어

희망이란 씨앗을 햇볕이 잘 드는 바람이 통하는 곳에 두고
시들지 않게 키우고 적당하게 자라면
널 세 번째 방 밖에 너른 언덕에 심어줄게

난 다시 네 번째 방에 들어가야 하거든

난 너와 헤어져
나만의 의미 있는 네 번째 방에서 정리를 해야 하는
시간이 올 거야

나의 방은 어떤 의미인지
나의 방은 어떤 곳인지
나의 사진 속에 남기고
다른 이가 내 방을 두드리고 들여다봤을 때
기억하고 싶은 방이기를…

별처럼 빛나거라

매섭던 겨울바람이 가고 따사로움이 온 오늘
먹먹하고 찌르는 바람이 내 옷깃을 스친다

그 겨울 평온한 바다에
지평선 너머 없어진 너를 보며
한 없이 먹먹하고 찌르는 바람이
눈에 흐르는 눈물을 나도 어쩔 수 없다

고단한 날이 오지도 않은 너에게
나는 고단한 날을 맞이하고
불러내도 대답 없는 너에게
목이 메어 이름조차 불러볼 수 없다

저 먹먹한 밤하늘에
수많은 별들 속에 빛이 있으니
그 중에 너도 그 빛들 속에 있겠지

내 눈에 맺힌 방울이 빛이 되어
네가 보고프면
찬란하게 빛내는 너의 존재가

따사롭게 내 눈에 들어온다

별처럼 빛나거라 아가야
동방박사에게 길을 안내한 것처럼
내 고단함이 줄어들 때에
너에게로 가는 길이 따사롭도록

별처럼 빛나거라
어두운 세상에
고단한 이 세상에
심장을 쥐어뜯는 듯 내 마음에

별처럼 영원히 빛나거라

들꽃

들꽃이 보인다
들에 핀 꽃이 보인다
그 작은 몸집을 가진 보라색의 꽃이 보인다

예전엔 보이지 않던 것들
하늘의 구름도 보이지 않던 시간들
길길마다 노오란 들꽃이 나부랑대며 피어있다

그래도 그만한 여유가 있는게
없어도 노오란 나부랑 대는 들꽃이 보이기에
내가 너무 다행이다

어린 친구들과도 서슴없이 얘기하고
농담과 장난도 받아줄 수 있는 여유가 생기고
나도 노오란 나부랑 대는 들꽃인가 보다

바람 따라 흔들리고
간지러운 걸 보니…

참여소감

글을 쓰는 일은 인고忍苦의 시간이라고 생각했습니다.

한 아이의 엄마로, 임상에서 일하는 사람으로, 대학원생으로 여러 모로 나의 생각을 표현하는 방법은 그렇게 많지 않았습니다.

어린아이가 다른 이들이 알아볼 수 있는 그림 그리기에 앞서 색연필을 온 손가락에 오므려 부여잡고 끼적이듯, 나 역시 몇 해 전부터 스마트폰과 컴퓨터에 아무 말이나 끼적여 보았습니다.

학술적 글쓰기 참여로 인해 선생님의 깊은 가르침과 매일 메시지 창으로 올라오는 시가 바쁜 일상 속에서 나를 찾는 시간이 되었습니다. 그것은 오랜만에 보는 파란하늘을 보는 것과 같은 기분이 들었습니다.

지금의 나는, 나만의 시간을 가지는 것이 소중하다는 것을 깨달았습니다.

나의 언어로 함축된 글이 아직 숙성되지 않았지만, 지금 그대로 좋습니다.

재미있는 놀이가 생겨 행복합니다. 어떤 모습이든 나를 사랑하는 법을 알게 되어 나에게 격려를 보냅니다.

시를 쓰는 것이 글쓰기의 첫걸음이 되었고, 다른 분들과 함께하게 되어 감사드립니다.

박민수

Pp MD(soon)

MARINA AND THE DIAMONDS | "I AM NOT A ROBOT"

recaptcha_anchor2x.jpg

Underground Rockstar, 1lli !

3개월차 헬린이 !

n마리 고양이 집사v_v

그 외 비공개.

인스타 팔로우 7 ! 7 ! (

기다림

너를 올려보는 계단

너를 넘어 올라간 철문과
울리는 소리가

36.5도 넘는 열기와
흐르는 물이

불과 1미터 남짓
춤과 함께 남긴
눈물과 1리터가 담긴
바닷물은

붉게 물이 든
눈이 되어
하늘을 떠다닌다

시간의 기억

시간은 나를 따라 흐른다
언젠간 느리게
건너간 빠르기

미안
나는 아마 힘들 것 같아

차마 하지 못할 것 같아
마음을 담아 진심을 건넬 때

시간은 멈추고
너를 따라 흐른다

거울 속의 나

거울은 나다
겨울은 차다
허물을 벗는다
허울좋은 소리를 늘어놓는다
저물은 너와
터울 없는 내가
저울을 재고
겨울을 보낸다
겨울은 뜨겁다
거울은 무겁다

나는 여러 명이다

나는 여러 명이다

나는 내가 아니다
그럼 나는 누가 맞는가
나는 맞는다
나는 때린다
나는 살인자
나는 의사
의사가 없는 그를 나를 오늘도 죽인다
나는 어느덧 기어오른 그를 다시 죽인다
나는 2명이다
나는 1명이다
나는 0명이다

친구라는 이름의

3평 남짓
갇혀 남향의 창문은
오늘도 빛을 친구 삼아 데려오지만
그 친구는 내 친구가 아니다
그는 집에서 기다리는 가족이 있다
가족이 모여 TV 앞에서
식사를 하는 모습은
나는 뭐여 TV 앞에서
뭔 짓이여
하겠지만
내일도 그 친구는 다시 나를 찾아온다
다만 나는 그 친구를 신경 쓰지 않는다
신경 쓰이는 친구는
저 멀리서 오지 않고
바로 나와 함께 한다
그리고 사라지지 않는다

어두운 방에 갇혀
빛과 소리

그리고 나를 울리는 진동을
기다린다

그리고 그것은
대개
사소함과 함께한다

사소함이 여러개 쌓일 무렵
무거운 것이 도착한다
무거우니 오래걸린다지만

그 무거운 것은
언제든 가벼워진다

패하면 피더라

사랑은
피랑을 간
바람을 기다린
기다란 줄에 매여
연처럼
연을 거듭하며
거듭 숨을 고르지만
숨을 거둔
몸을 얹고
천을 감은
뼈만 남은
사랑이 된
사람이 된다

기다리는 쪽은 언제나
줄다리기에서 진다
울다웃기에서 핀다

참여소감

읽으셨다면 고맙습니다.
안 읽으셨으면
내년에 또 뵐게요.

다들 내년에 봐요 !

이성복

1985년 봄에 태어났습니다.
여러 지역을 돌다가 경기도에 살고 있습니다.
숙대입구에서 일하는 치과의사입니다.
하고 싶은 건 많은데 게으른 사람입니다.
그래도 눈이 오면 언제나 눈사람을 만듭니다.

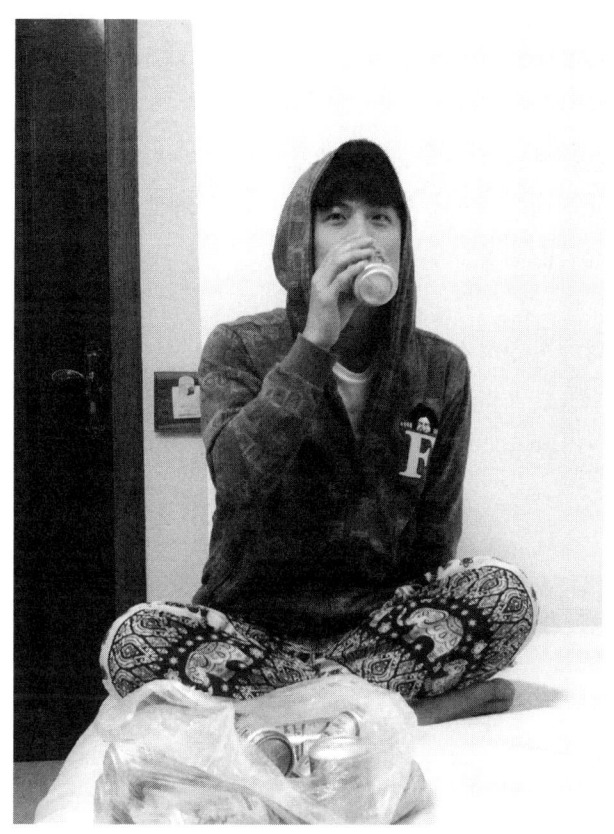

소주

오늘도 소주 한 잔을 입안에 털어 넣는다
테이블이 빈 병에 둘러싸일수록 마음에는 틈이 생긴다
식도로 들어가던 술 한 잔은 마음으로 향한다

술은 대체 얼마나 무거운 것인가
이토록 무거웠던 내 진심을 떠오르게 만들다니

온몸에 들어차는 소주 덕에 솔직함은 이미 입안에 떠있다
그 솔직함이 익숙지 않은 나는 이내 구역질로
진심을 화장실에 내뱉어버린다

너에게 전하지 못한 진심은
오늘도 쓰라린 화학작용으로 마음속에 다시 차오른다
그런 연유도 모르고 난 해장만 하고 있구나

이끼

이끼는 나처럼 작다
세상에서 가장 작은 풀이다
가장 낮은 곳에서 지구를 둘러싼 따뜻한 옷
햇빛을 차지하기 위해 위로만 향하지 않는다
다툼을 싫어하기 때문일까?
누구도 살기 싫어하는 척박한 곳에
앙상한 뿌리를 내리곤
바보처럼 하늘에서 내리는 비를 기다린다
무엇 하나 다른 이의 것을 탐하지 않는다
작은 나는 이끼처럼 살고 싶다

게으름

입에 가볍게 필터를 통해
빨아들인 게으름은 폐를 거쳐
피에 올라타 온몸으로 향한다
심장이 펌프질을 할수록
전신에 나른함이 전해진다

젖어드는 게으름은
어느덧 몸을 넘어 마음과 영혼까지
관통하여 흐른다

벗어나려 해도
던져버리려 해도
나는 그저 나태할 뿐

오늘도 한껏 빨아들인
게으름을 피운다

고양이

두 눈은 충혈
피부는 소양증
기관지는 천식
그들의 침 묻은 털이 남긴 흔적

이기적인 그들에 대한
내 몸의 지나친 걱정
지독한 자기방어

품을 수 없는
서로의 거리
그래서 더욱 도도한

꿈의 도서관

꿈을 꾸는 이에겐 자연스레 책이 스며드는 그런 도서관이 있다
수 천권 아니 수 만권의 책이 단 한 권도 남아있지 않아
텅 빈 책장만이 밝게 빛나는 곳

하지만 잊힌 꿈들은 빛바랜 책이 되어 하나 둘
반납되기 시작한다
먼지처럼 바스러진 책들은 선반에 꽂힌다

마지막 책이 반납되는 날
사서는 도서관의 문을 걸어 잠그고 등불을 내릴 것이다

책의 주인들은 꿈을 향해 걸어갈 빛을 잃어버린다
빛이 없어 갈 곳을 잃은 그들은 흐린 눈빛으로 굳어져간다

세상은 이들을 어른이 되었다며 치켜세웠다

유하 宥霞

노을은
태양이 가장 낮을 때
생겨나는 것

먼 곳까지
깊은 곳까지
붉게 스며들며
그림자의 마지막 순간까지
온기를 전하는 것

너의 삶이길 바라는
작은 바람

참여소감

　타인에 대한 영향력은 글과 말에서 나온다는데, 뭐 하나 소질이 없어 영향만 받고 살고 있다. 특히나 세상에 대한 다른 관점으로 내 생각을 응축시키는 시는 더욱이 힘들다. 시간이라도 충분히 들여야 했는데 이번에도 게으름 피우는 나를 만날 수 있었다. 급하게 시를 쓰기 시작했고, 슬픈 결과물만 남았다. 마지막에 글을 넘긴게 아닐까 하는 생각이 든다. 기회만 된다면 충분한 시간을 들이고 싶지만, 안 그럴 걸 알기에 더 슬프다.

한서진

나에 대한 분명한 정보들을 적고 싶으나
많아진 나이는 나조차도 부담스럽고,
진부한 설명들을 나열하고 싶지는 않고,
그럼에도 남들 하는 건 다 해봐야 하는,
인생 모순을 모토로 삼으며 살아가는 사람이다.

어제와 오늘의 차이는 없음

유난히도 일상이 지겨워 죽겠는 날에는 멋지게 일탈을!
그렇게 맞이한 설레는 일탈에 내가 하게 되는 일은,

똑같은 일상

일탈 속의 초조함
일상 속의 안도감

특별한 오늘의 일탈 속에서
어제와 같은 일상을 보내고 나면
비로소 찾아오는 마음속의 고요

일상의 일탈의 일상의 일탈?
일탈의 일상의 일탈의 일상!
어제의 오늘의 어제의 오늘?
오늘의 어제의 오늘의 어제!

일탈인지 일상인지
어제인지 오늘인지
오늘인지 어제인지
일상인지 일탈인지

괜찮아, 단조로운 반복 끝에 깊이가 생기는 걸 거야
아니야, 그 소중한 휴가는 정말이지 잠깐의 뿌듯함과
끝없이 밀려오는 화뿐이었어

당신의 행동

차디찬 내 발이 따뜻해질 때까지
두 손을 포개어 내 발 위에 올려놓은 채 한참을 기다린다

화를 낼 때면
역량껏 화를 낸 것도 아니면서
마음에 걸렸는지 눈주름이 다 꾸깃해질 정도로
한껏 웃어준다

한 귀로 흘려보내지는
성질머리 못이기고 튀어나온 그 이기적인 한마디를 못잊어서
하루 종일 눈치만 보며 주변을 서성인다

참 많이도 아픈 사람이
고작 한낱 사레들린 기침소리에
감기 걸린 것이 아니냐며 걱정을 한다

그런 당신께,

우리 오래도록 함께하자고
차마 입으로는 말하지 못하겠기에
괜히 응석을 더 크게 부려본다

마치 내가 시원찮아서 마음이 안 놓인다는 아빠, 당신처럼.

가을

가을은 늘 쌀쌀했다
마치 엷은 면도날이 지나간 것처럼

물이라도 닿은 양
마음 한구석이 자꾸만 아렸다
시큰거렸다

쌀쌀한 가을바람이 불어오면
시큰거리는 구멍들 사이로
보고싶었던 얼굴들이 가득 차오른다

가을을 힘들어하면서도,
어딘가가 아려오는 가을에 아파하면서도,
그러면서도,
가을을 기다리는 건
아무래도 생각나는 사람들을
마음껏 떠올려 볼 수 있는 시간들이
많아서 일지도 모르겠다

떠올리다보면
다시금 시큰거려온다

연락할 용기는 여전히 없는 채로.

수취인분명(너에게)

내 하루의 전부를 들려주고 싶어서
손 아픈 줄 모르고 시시콜콜한 긴 편지를 매일같이 전해왔던
너에게

이보다 더 운명일 수는 없다고 생각되었던
너에게

배려가 앞서 늘 눈치만 보고 있는
너에게

고집스럽고 융통성 없는 이 자존심을
아직도 지켜주고 있는
너에게

여전히 나보다도 소중한 너인데
사는 데에 치여 어느덧 나의 소홀함이 익숙해졌을
너에게

그럼에도 나를 온전히 이해할 거라는
굳은 믿음을 갖게 하는
너에게

숨쉬는 것부터 시작되는 나의 모든 걸 응원한다는
너에게

유일무이한 너에게

나의 너에게

너만은 늘 한결같길 바라는
고약함만 남은
오래된
내가

-내가 되기까지-

나는 엄마가 자신보다 남을 위하는 모습이
온몸에 짜증이 서릴 정도로 싫었고

그 모습을 닮지 않기 위해 애쓰다가
조금은 이기적인 사람이 되어버렸고

그럼에도 불구하고 엄마의 모습은
나에게 남아 있었고

그런 모습들을 나 스스로가 발견할때면
몸서리치게 화가 났고

결국 쓸데없는 호의의 결과물에
나는 또 상처를 받았고

상처받지 않기 위해 더더욱
이기적이게 뻔뻔하게 굴었고

가끔은 이 모든 연극에 지쳤고

시간이 조금 흘러서는
이 모든게 세상과의 거리를 유지하는
하나의 방법이라 생각되었고

그렇게 나는 가면을 쓰고
끝나지 않을 연극의 무대에 오르게 되었고

나를 잃었으나
결국 내가 되었고

이런 내가 되길 원하진 않았고

西辰禮讚

완벽한 준비를 끝낸 후에 멋진 30대의 시작을 선물하고 싶었는데 그러지 못할 것만 같다. 세상을 살다 보면 30살의 나에게 필요한 수많은 조건들은 알아서 충족되는 것이라고 생각하였나 보다. 그러나 생각보다 저절로 이뤄지는 건 하나 없었고, 심지어는 노력을 해도 제대로 일궈지는 게 없단 사실에 하염없이 서글프기도 했지. 30대의 나는 멋진 커리어우먼이지만 결혼을 하고, 아이를 낳아 키우느라 잠시 휴직을 하고 집에서 주부 노릇을 하고있는 그런 모습을 상상했었나 보다. 생각해보면 너무나도 진부하고 틀에 박힌 미래였는데, 모두가 이렇게 살아가니까 이런 사람이 되고 싶었나 보다. 이런 사람이 되어야만 할 것 같았다. 누구나에게 펼쳐지는 뻔한 삶은 싫다고 하면서 나 스스로 뻔한 삶만을 고집했나보다.

그 뻔한 삶의 조건을 다 채우지 못했다고 해서 특별한 인생을 누리게 되는 것도 아니지만,
누구나처럼의 그 조건들이 다 채워지면 결국엔 뻔한 인생이 되어버리겠지만,
그 뻔한 인생을 위해 치열하게 사는 내가 기특해서.
하염없이 기특해서.

하루하루 게으른 날도 있었지만 매일같이 게으르지 않아서 다행이야
(그럼 여기까지도 못 왔겠지)

꽃 피고 낙엽 질 때마다 말랑한 감성을 잊지 않아서 좋았어
(감정만큼은 획일화된 것이 아니니까 뻔하지 않았을 거야)

포기보다는 체념을 더 빠르게 선택하는 거 훌륭해
(하염없이 무너져서 포기하는 것보다야 다시 일어나는 게 빠르겠지 뭐)

이 거친 세상에 꺾이지 않고 잘 버텨줘서 고마워
(앞으로 버텨내야 할 시간이 더 길다는 거 잊지마)

앞으로도 하염없이 기특해 줘.

참여소감

노년에는 꼭 글을 쓰면서 나이 들고 싶다고 늘 생각하며 살아왔습니다. 그 기회가 이렇게 빨리 찾아온 걸 보니 벌써 인생의 노년기를 맞이한 건가 싶기도 하고……? 살면서 저의 이 허접한 글들이 책에 실릴 기회가 한 번이나 있을까 싶어서 덥석 물었습니다. 한편으로는 형편없는 글 실력에 한없이 걱정되지만 그래도 '오글거린다'는 단어가 생긴 이래로 묶어두었던 감정들을 열어볼 수 있는 좋은 시간이었습니다. 되지도 않는 시들을 써보며 다시 한 번 느꼈던 것은, 감정을 담아내는 모든 표현은 역시 오글거려야 제맛입니다. 오글거린다는 단어는 왜 때문에 생겨난 건지 1도 모르겠습니다. 그러니 그 서글픈 단어는 사양해주세요.

안 그러면 진짜 가만 안 둘ㄲ……

김선태

외로움과 싸우고 있는 복된 동정남.

"아뢰롭기 황송하오나 한 말씀만 하소서 제가 곧 나으리다."

목성각

태초에 원수가 있었다
분노와 함께 태어났다

나의 살인계획은
그 샴과 그의 삼족을
찢는 것

지구는 내 분노보다 작기에
원수의 시체를 묻을 수 없다

원수를 파묻자
공구리들고 모든 분노가 기화된 공간으로

나의 분노는 세상보다 크기에
지구와 맞먹을 태풍이 필요하다

목성의 반점

회용돌이 속으로
모든

원수를 내던지고
욕지거리를 내뱉자
당신의 복수를 위해
샴의 자살을 위해

외계인의 기원

태초부터 외계인은 인류와 함께였다
그들은 산파고 땡중이고 집사였고
술을 마셔도 취하지 않는 간을 갖고 있었다

모든 미신과 미담이 사라지던 날부터
그 녀석은 갑자기 사라졌고
U.F.O가 되어 우리 곁에 나타났다

사람들은 미신이라고 떠들어댔다

한낮의 어둠과 별빛의 환희가 사라지던 날부터
외계인은 지구를 영원히 떠났고
인류는 혼잣말로 외로워했다
차기 슈퍼맨이 대통령이 됐고
인간과 외계인의 분리불안을 잠재우고자
우주전쟁을 선포했다
워싱턴 헤드라인 '우주전쟁의 시대를 선언하다'
'지혜를 모아 외계인을 몰아내자'
'슈퍼맨 위기의 지구를 구하다'
'美 애리조나 다락방에서 외계인 사체 발견'

'마지막 유언 친구야 보고 싶다'
'반 외계인 단체 동성애 이주민 외계인 박멸하자'

이
후

U
F
O

는

나타나지 않았고
당신이 죽어도

당신의 이야기가 전해진다는
믿음 또한
사라져
갔다

잊혀진 베개문명

장롱에서 꺼낸 암모나이트
펴고 잠자리에 눕는다

베개가 짓는다
엉, 엉, 엉, 엉

베개가 달아났다
북극으로

하프물범이 태평하게 말한다
나는 목 없는 슬픈 짐승이여라
시방 나는 아무것도 모르어유

베개가 없으니 잠이 오지 않는다
오! 나의 하프물범이여

북극의 나날

거울의 반대편이 차갑다
거울은 빙하처럼 쪼개졌고,
거울의 반대편은 다른 계절이었다

단상 위
넙적한 손바닥을 가진
북극곰이 관찰되었고
펭귄들의 일제히 경례

바람결을 셀 수 없는
바람을 걷는 세관稅官일 뿐
빙하 위를 발맞춰 걷던
무능한 펭귄의 삶은 초라한 이등병

펭귄의 썩은 알을 품던
그 시절

병사는 참호 속에서 쓰러졌고
애인은 면회 대신에 쪽지를 보내왔다.

"네가 카카오 열매를 먹고 있다고 생각하니?"

통문의 가시가 소름을 질렀다.
총구는 여객기를 향하고 있었다.

어제는 오늘보다도 추울 것이다.
그녀는 오지 않는 것이 좋아.
배신감이 지축을 흔들었다.

칠레에서 대지진 속보가 왔다
지구의 경도가 기울어지는 게 느껴졌다

계절은 바뀌었고
가을은 봄보다 평범해졌다.

그래. 바람은 낙엽에게 할 말이 많아.
세월은 무드를 잊었고, 공기는 무거웠다.
추억은 구름에 파묻혔고, 나는
공포탄 세 발에 실탄 한 개를 가졌었다.

모택동毛宅洞의 사막화

풀섶귀 없는 도로에 황소가
뿔갈이도 하지 못하고
도로 위로 힘없이 곯아 떨어져있다.

가로등과 가로수의 피아간은 서로 다투지 않고
공명정대하여할 신호등도 잠들었다.

모두가 모택동의 후예였으나
그들의 손자들 입속에는
마돈나의 금발만 씹힌다.

제련소 공장이 들어선 이후로
모택동은 불모지가 되었다.

창부의 거웃도 힘없이 뽑히고
땅은 가랑이를 벌리지 않고
어떠한 것도 수태하지 못했다.

과거의 산파술은 더 이상 통하지 않는지
아기는 귀를 틀어막은 채 머리를 내밀지 않았다.

모택동의 국그릇에선
굶어 죽은 소의 넋이 굽이굽이 너울친다.

사이버 메트로폴리탄의 사람들

수지를 맞추려 넣은 시베리아 산産
고독에는 최면성분이 있었고
그들은 그것에 길들여졌다.

사이버 메트로폴리탄의 사람들은
자주 '!'에 걸려 쓰러졌다.

붕어빵을 굽는 최 씨의 거푸집에는
은색 쇠파리가 날아들었다.

빵은 고독에 젖었고
근교의 주민들은
점차 회합에서 멀어졌다.

사람들은 알싸한 앙꼬 맛을 의심했다.
의혹의 맛은 달콤했고 사람들은 수수께끼에 매혹되었다.

역사驛舍 앞에는 떠나는 행렬과
돌아오는 행렬이 마주치고 있었고,
그들의 보따리에는 왕만두 속처럼

리플이 달렸다.
살 찐 기차의 양철지붕 치는 소리,
역사驛舍의 레퀴엠이 찰싹찰싹
도심의 따개비를 키웠고
실로폰으로 자판을 치던
매표소의 보노보 부인은
밤마다 철로로 투신하는
사자死者를 보았다.

튤립모양의 터번을 두른 사내가
화투장처럼 엎드려 붉은 피를 흘렸고,
철로 위 귀신들이
노잣돈을 나눴고

기차는
눈 없는 버러지처럼
지하로 기어가고 있다.

참여소감

　세상 허망해져 오랜 겨울잠을 자고 있었습니다. 잠에서 깨어나던 순간에 시를 써야 한다는 이야기를 들었고 과연 '맞춤법 검사기' 없이 시를 쓸 수 있을까 생각해봤습니다. 하품과 함께 눈물이 흘러내렸습니다. 슬픈 기억들이 떠올랐지만 진지해질수록 불면증은 심해졌습니다. 낮과 밤이 바뀌었고 괴로움과 분노가 쌓였습니다. 이 감정을 시로 표현하고 싶었습니다. 〈북극의 나날〉, 〈모택동의 사막화〉, 〈사이버 메트로폴리탄의 사람들〉은 이전에 쓰던 시를 퇴고한 것이고 나머지 시는 최근의 심정을 표현한 것입니다. 기회가 주어졌을 때 표현하고 싶지만 6편을 쓰는 일은 쉽지 않았습니다.

본질을 호도하지 말라고 했습니다
술에 취해 제대로 듣지 않는척했던
그 이야기들을 우리는
酒酬 같다고 불렀습니다
아침부터 밤까지
다시 누군가는 밤부터 아침까지
혹여 보시기에 부족하다고 느끼실지 몰라도
마음을 우려내느라 조금 오래 걸렸습니다
동주도 소월이도 없는 세상에서
우리는 그렇게 시를 썼습니다